부동산 투자
그렇게 하는 거
아니야

부동산 투자 그렇게 하는 거 아니야

2022년 6월 17일 초판 인쇄
2022년 6월 22일 초판 발행

지 은 이 | 우병탁
발 행 인 | 이희태
발 행 처 | 삼일인포마인
등록번호 | 1995. 6. 26. 제3-633호
주　　소 | 서울특별시 용산구 한강대로 273 용산빌딩 4층
전　　화 | 02)3489-3100
팩　　스 | 02)3489-3141
가　　격 | 18,000원

ISBN 979-11-6784-087-5 03320

부동산 투자 그렇게 하는 거 아니야

우병탁 지음

SAMIL | 삼일인포마인

Prologue

2020년 말,
첫 책(아파트 한 채부터 시작하는 부동산 절세)을 출간하고 1년 반 정도가 지났다. 아직은 이 분야에서 일천한 실력이었지만 그래도 책을 쓴다는 기쁨은 상상 이상으로 컸다. 무엇보다도 내가 쓴 책을 누군가가 읽어준다는 것은 그 자체만으로도 행복한 일이었다.

일과 학업을 병행하면서 틈틈이 글을 정리했고, 주변의 도움으로 해를 넘기기 전에 첫 책을 출간할 수 있었다. 많은 분들의 도움이 없었다면 그야말로 불가능했을 일이라 생각된다. 그만큼 첫 책을 준비하면서 의욕이 넘쳤다. 사실 넘치는 정도를 벗어나 지나쳤다는 생각도 든다. 지금도 분명히 부동산과 세금 문제로 고민하거나 고민할 누군가에게 작은 도움이 되었음을 의심하진 않는다. 하지만 의욕이 앞서다 보니 책의 내용이 너무 무거워졌던 게 아닌가 싶다. 복잡하고 어려운 세금을 설명하다 보니 기초부터 모두 알려줘야 한다는 강박이 있었다. 계산 방법부터 세법의 구조까지 기초를 모두 알아야 부동산 세금을 이해할 수 있다고만 생각했다. 기초 없이 단편적인 지식만으론 불완전한 공부가 된다고 생각한 것이다. 사실 그 생각 자체는 지금도 변함이 없다. 그런데 조금 더 생각해보니 부동산 투자를 위해 책을 찾아보는 사람들은 세무사가 되기 위해 공부하는 것이 아니다.

그렇다고 다른 사람들에게 세금을 가르쳐주기 위해 공부하는 것도 아니다. 다만 본인이 투자할 때 유념해야 할 것들을 파악하면 그걸로 충분한 것이다. 그리고 부동산 세금과 관련된 모든 상황에 부동산 투자자 전부가 직면하는 것도 아니다. 결국 중요한 것은 관련된 모든 정보를 빠짐없이 전달하는 것이 아니었다. 부동산 투자 과정에서 필요한 마음가짐은 어때야 하는지, 투자를 하다 보면 어떤 상황이 생길 수 있는지, 그리고 그럴 때는 어떻게 대처해야 하는지를 아는 것이 더 중요하다는 점에 생각이 닿았다. 복잡하고 세세한 내용보다 단편적인 지식이어도 재미있게 읽을 수 있는지가 더 중요할 수 있다.

부동산 투자를 가벼운 마음으로 시작하는 사람은 없다. 본인이 가진 전 재산을 걸어야 하는 사람들이 대부분일 것이다. 하지만 그렇다고 해서 투자에 나서는 모든 사람들이 다른 모든 일을 전폐하고 부동산 투자만 하는 것은 아니다. 대부분 전업 투자자가 아니다. 실수요이면서 투자를 겸하는 경우가 훨씬 더 많다. 부동산 관련업이 아닌 다른 일을 하면서, 예컨대 직장을 다니거나 가게를 하면서 투자에 관심을 두는 경우가 더 많은 것이다. 결국 체계적으로 공부를 하고 싶어도 쉽지 않은 경우가 대부분이다. 시간도 없고 집중력이 떨어질 수밖에 없다. 그런 분들에게 필요한 책, 그런 분들에게 필요한 부동산 투자와 세금에 대한 글은 어떤 것일까? 이번 책에서는 그런 점을 담으려고 노력했다.

아무 때나 읽을 수 있고 아무 페이지를 넘겨서 읽어도 되는 책, 순서대로 읽지 않아도 되는 책을 쓰기 위해 노력했다. 다 읽지 않고 부분적으로 몇 개의 에피소드만 읽어도 되는 책, 그래도 분명히 도움이 될 수 있는 책, 한편으로는 그래봐야 책 한 권의 분량이 너무 많지 않아서 다 읽어보기에도 부담이 없는 책이 되는 것을 목표로 했다. 모쪼록 이런 생각이 독자들 에게도 일정 부분 와닿기를 기대해 본다.

업무상 재테크 서적을 꽤 많이 읽어 왔다. 각고의 노력으로 쓴 좋은 책이 대부분인데 그 중 일부는 예언이나 전망을 주제로 하여 예언가의 영역에서 쓴 책이나 저자의 투자경험담이 많다. 일부는 스스로 투자에 나서 벌어들인 '수익의 크기'를 내세우기도 한다. 내가 15년간 2,000명 넘게 만나온 성공한 부자들은 대부분 본인의 성과를 대놓고 얘기하지 않는다. 수익의 크기를 글로써 자신하지도 않는다. 그래서 자신의 수익 크기를 내세우는 경우는 일정 부분 다른 의도가 의심되기도 한다. 상대적으로 나는 스스로의 투자로 "큰 돈"을 벌어본 놀라운 경험이 없다. 선지자적인 통찰력으로 시장을 맞추는 것도 하지 못한다. 다만 은행에서 일하면서 다른 사람들보다 조금 더 많이 투자의 시작과 끝, 그리고 그 순환과 그간의 역사를 옆에서 지켜봤을 뿐이다. 그 과정에서 이 시장의 정말 일부를 보고 나름대로 느낀 바가 있을 뿐이다.

논어 태백 편에 "弘 寬廣也 毅 强忍也 非弘 不能勝其重 非毅 無以致其遠"(홍 관광야 의 강인야 비홍 불능승기중 비의 무이치기원)이란 글이 있다.

弘(홍)은 너그러운 것이고 毅(의)는 강하고 참는 것이라 한다. 넓지 않으면 그 무거움을 이길 수 없고 굳세지 않으면 그 먼 것에 이를 수 없다(논어집주, 성백효, 2020).

두 번째 책을 쓰면서 보니, 글을 하나 하나 쓸 때마다 부족함이 더 많이 느껴지기도 한다. 아직은 부족한 실력임에도 부끄러움을 무릅 쓰고 글을 계속 쓰는 것은 작은 지식, 짧은 생각이지만 분명히 누군가에게 내 글이 도움이 될 거라는 기대가 있기 때문이다. 여전히 부족함이 많겠지만 너그러운 마음으로 읽어봐 주시기를 바란다. 이번 책을 준비하면서도 많은 분들의 격려와 지원이 있었다. 신한은행 부동산 투자 자문센터 박일규 센터장님, WM컨설팅센터 정택수 센터장님과 선후배 동료직원들에게 감사의 마음을 전한다. 사랑하는 아내 박보경과 이번에 그림책 "10살 서현의 그림세계"를 만든 딸 서현, 어머님과 처부모님, 양가 가족들께도 감사드린다. 그리고 동국대학교 고준석 교수님과 김상겸 교수님께도 감사의 인사를 꼭 전하고 싶다.

책을 쓰면서 스스로에 대한 다짐을 하는 것은 쑥스러운 일이지만, 앞으로도 부동산과 법, 그리고 세금 등 관련된 분야의 많은 일들에 대해 계속 공부할 계획이다. 꾸준히 공부하고 일할 수 있도록, 항상 마음을 다잡고 지치지 않겠다는 다짐으로 인사를 대신한다.

– 2022년, 저자 –

Contents

Chapter 3   세상 모든 일이 다 부동산 투자 공부

PART Ⅱ · 부알못 세알못

PART Ⅲ · 부동산 정책의 변화와 전망

• 부 록

세금공부

부동산 투자 그렇게 하는 거 아니야

PART Ⅰ
부동산 투자에 임하는 자세

부동산 투자 그렇게 하는 거 아니야

Chapter 1

부동산 투자의 마인드

1 부동산 투자, 정답이 아닌 해답을 찾는 과정이다

대내외적인 악조건으로 인해 경기침체가 이어지고 있다. 그럼에도 부동산 투자에 대한 관심은 다른 어떤 때보다 높다. 투자를 위해 따로 시간을 들여 인터넷을 뒤지거나 공부를 하는 사람들도 많다. 경우에 따라선 오로지 투자를 목적으로 공인중개사 시험을 준비하는 사람도 있다. 일부러 시간을 들여 부동산 공부를 하는 이유를 물어보면 답은 한결같다. 부동산 투자를 잘하고 싶다는 것이다. 그리고 이를 통해 경제적으로 자유로운 삶을 살고 싶다는 것이다. 맞는 말이다. 자산 관리를 하는 데 부동산을 떼어놓고 생각할 수 없다. 다시 말해 부동산 투자를 배제하고는 적절한 자산관리를 할 수 없다.

그런데 여기에서 다시 생각해보아야 할 점이 있다. 많은 사람들이 부동산 투자 시 정답을 찾으려고 하며, 투자하기에 좋은 부동산만을 맹목적으로 쫓는다. 즉 차익이 많이 날 수 있는 부동산을 찍어주길 원한다. 심지어 본인이 거주할 집까지 찍어달라고 한다. 본인이 어디에서 살 것인지는 부동산 전문가가 아니라 가족과 상의할 일이다. 물론 본인이 거주하기 위한 목적도 달성하면서 집값도 올라갔으면 하고 바라는 것이 인지상정이다. 문제는 이 과정에서 놓치는 부분이 있다는 점이다.

정답을 찾는 사람들이 하게 되는 가장 큰 실수 중 하나는 '나'를 바라볼 생각을 하지 못하고 '시장'을 맞추려고 한다는 데 있다. 맞출 수 없는 것을 맞추려고 노력하는 건 무의미하다. '시장'을 맞추려고 하지 말고 '나'와 '내 가족'을 살펴야 한다. 자금 여력은 어디까지 되는지, 대출금을 얼마까지 감당할 수 있는지 등이다.

경우에 따라선 내가 예측할 수 없는 상황으로 인해 부동산을 현금화하는 데 시간이 오래 걸릴 수 있다. 자금을 투자하고 필히 보유해야 하는 기간 동안 급히 그 돈을 써야 하는 일은 없겠는지 잘 살펴보는 것이 시장을 맞추는 것보다 중요한 일이다. 부동산은 현금이나 주식과 달리 환금성이 낮기 때문이다. 아무리 좋은 부동산이라도 가격 상승의 효과를 보기 위해서는 시간이 걸린다. 조건을 갖춘 집을 주택임대 사업자로 등록하면 많은 세금 혜택이 있는데 등록 후 10년 이상 보유해야 한다. 10년 뒤에 가격이 상승할 부동산을 샀다 한들, 돈이 필요해서 그 집을 2년 안에 팔아야 한다면 무슨 소용이 있겠는가?

부동산 투자는 여러 가지 조건을 한꺼번에 반영해야 한다. 직장과 학교, 육아와 교육, 생활편의와 주거만족, 개인적인 취향에 자금조건과 소득수준까지 이루 다 헤아릴 수 없을 만큼 많은 요소를 고려해야 한다. 이 과정에서 가구수 만큼이나 다양한 경우의 수가 생긴다. 그 속에서 이 사람에게도 맞고 저 사람에게도 맞는 '정답'을 찾는 것은 매우 어려운 일이다. 따라서 더 바람직하고 쉬운 방법은 나에게 맞는 '해답'을 찾는 것이다.

부동산 투자는 물건을 콕 찍어 추천받는 것이 아니라 공부를 통해 미래가치를 파악하고 내 몸에 맞는 옷을 스스로 구하는 과정이어야 한다. '시장'을 보지 말고 '나'를 봐야 한다. 정책이나 규제를 볼 것이 아니라 내재가치를 살펴야 한다. 시장이 흔들릴 때는 다른 곳보다 덜 빠지고 상승할 때는 더 오를 만한 물건인지를 고르는 공부를 해야 한다. 흔히 하듯 '개발 호재'를 볼 것이 아니라 이미 형성된 '주변 환경'을 먼저 살펴야 한다. 개발 호재만 보고 투자하는 것은 수천만 원, 수억 원, 수십억 원어치 복권을 사려는 것과 같다. 복권은 열 배, 스무 배 이득을 볼 가능성도 있지만, 실패할 가능성이 더 크다. 거금을 들여 도박하듯 부동산 투자를 해서는 안 될 일이다.

2 부동산 투자와 세금, 정보의 대칭성과 비대칭성

부동산과 부동산시장의 흐름에 대한 관심은 과거부터 지금까지 끊임없이 있어 왔다. 세금과 조세제도에 대한 관심도 마찬가지다. 그런데 최근 미디어 매체의 발달로 국민들(납세자들)은 정부의 부동산과 조세정책에 대해 폭넓게 관심을 갖기 시작했고, 다양한 정보를 보다 쉽게 획득할 수 있게 되었다. 이러한 추세는 앞으로도 지속될 것이다.

불과 20년 전에는 '네이버 지도'도 '카카오맵'도 없었고, 국토교통부의 실거래가 공시도 없었다. 다음과 네이버에 로드뷰와 항공뷰, 위성사진이 제공된 것도 그리 오래되지 않았다. 초창기 인터넷 지도는 한국통신의 포털서비스인 한미르를 통해 제공된 전화번호 베이스의 지도제공이 있었는데, 이는 요즘과 같은 지도검색 기능은 아니었다. 이후 콩나물지도 등 좀 더 구체적인 지도 검색서비스가 나왔고 이어서 다음과 네이버에서도 지도검색 서비스를 제공하기 시작 했다. 다만 초창기 지도검색 서비스는 오늘날 보는 것처럼 지적도까지 검색이 가능한 다재다능한 기능을 포함하진 않았었다. 그 시절엔 토지를 파악하기 위해서 지도를 통해 가는 길을 파악하고, 지적도를 복사기로 복사해서 필지의 모양을 확인하곤 했다. 간혹 대상 물건지가 지도의 하단 모서리에 걸치기라도 하면 연결된 4개의 페이지를 모두 복사한 후 칼로 오리고 붙여서 1개의 필지 모양을 살펴야 했다.

실거래가 신고제도는 2005년 「부동산중개업법」 개정안으로 추진되었다. 한편 이보다 앞서서 2004년부터 주택시장 안정 종합대책의 일환으로 주택거래신고지역에 대해 주택거래신고를 의무화한 바 있다. 부동산에 대한 투기를 차단하기 위한 제도였다. 이 실거래가 신고제도를 바탕으로 쌓이기 시작한 부동산거래에 대한 정보를 기반으로, 2006년부터 국토교통부의 실거래가 정보가 공개되기 시작했다. 이에 앞서거니 뒤서거니 하면서 서울시와 몇몇 광역지자체가 자체적인 부동산정보를 공개하는 사이트(서울시 부동산정보광장 등)의 운영을 시작했다. 이후 네비게이션이 출현하면서 길을 몰라도 땅을 찾아갈 수 있게 되었고, 포털사이트를 통해 로드뷰와 같은 기능들이 제공되면서 근래에는 도시 주요지역에서는 땅속까지(주요 지하상가)도 로드뷰로 확인이 가능한 시대가 됐다.

결국 IT기술의 발달로 인해 부동산시장은 정보가 대칭적으로 흐르기 시작했다. 옆집이 얼마에 거래되었는지 파는 사람도 알고, 사는 사람도 알게 된 것이다. 즉 너도 알고 나도 아는 정보가 많아졌다. 이를 정보의 대칭성이라고 한다. 긍정적으로 보자면 정보가 대칭적이라는 것은 경제학에서 말하는 완전경쟁시장과 가깝다는 것을 말한다. 정보와 거래가 투명해지는 것이니까 더 좋아진 것이다.

과거에는 정보가 이처럼 대칭적이지 않았다. 즉 어떤 사람은 알지만 어떤 사람은 모르는 정보가 상대적으로 많았다. 그뿐만 아니라 포털 검색서비스와 기술의 발달로 지금은 앉은 자리에서 컴퓨터나 스마트폰, 태블릿 PC만 있으면 과거 부동산시장과 관련된 많은 정보를 쉽게 찾아볼 수도 있다(머릿속 기억으로는 잘 생각나지도 않는 1990년, 1998년, 2005년에 부동산 시장에 있었던 일들까지 다 찾아볼 수 있다. 검색창에 실거래가 신고제도라고 검색해보자. 실거래가 신고제도뿐 아니라 주택거래 신고제도와 투기지역 지정, 양도세 중과와 완화까지 그간 있었던 수많은 정보를 다 찾아볼 수 있다).

한편 재미있는 사실은 정보와 거래가 투명해질수록 부동산으로 돈을 벌기는 더 어려워진다는 점이다. 정보가 비대칭적이었던 과거에는 오히려 정보의 불균형을 통해 남들보다 더 쉽게 돈을 버는 예도 있었다. 물론 그것이 사회적으로 바람직하지는 않다. 즉 정보가 대칭화된 지금이 사회적으로 더 바람직하다. 그런데 중요한 사실은 이렇게 정보가 대칭적으로 흐르고 있는 상황에서도 누군가는 정보를 남들보다 더 많이 획득하고 다른 누군가는 그렇지 못하고 있다는 점이다. 대부분의 정보가 공개되어 있는 상태인데도 그렇다. 이제 관건은 이미 세상에 뿌려진 정보를 어떻게 더 잘, 더 많이 획득하고 정리할 것인가 하는 점이다. 공개된 정보가 너무 많아지면 오히려 정보 획득에 어려움이 생기기도 한다.

정보가 대칭화된 부동산시장에서도 정보의 격차는 존재한다. 이제는 남들 대부분이 다 아는 사실을 나만 모르고 있을 수도 있다. 그렇게 되면 과거보다 더 큰 손해를 입을 수도 있다. 부동산을 사고팔거나, 임대하고 임차하는 과정에서 최소한 남들만큼은 알아야 실수하지 않고 의사결정을 할 수 있다. 결과적으로 정보의 획득을 위한 노력은 선택이 아닌 필수다. 어디서 정보를 획득할 것인가는 그 다음 문제다. 꽁꽁 숨겨져 있는 정보를 보물찾기하듯 찾는 것이 아니다. 대단치 않은 정보라도 명확히 알고 잘 정리하는 것이 더 중요하다. 실거래가격 정보나 거래량 통계와 같이 정부가 제공하는 기본 데이터는 이용 요금 없이도 얼마든지 쓸 수 있다. 관건은 부동산과 관련된 의사결정 전에 이러한 정보를 찾아보고 정리하는 우리의 자세다. 최소한 남들만큼은 알고 있어야 한다.

3 남들을 쫓아만 가는 투자가 되어서는…

주택가격이 상승하는 시점에는 많은 사람들이 투자를 하지 못해 조급해한다. 빨리 투자하지 않으면 가격이 더 올라가서 못 사게 될 것을 걱정한다. 시장 상황에 따라서는 맞는 판단일 수 있다. 고민만 하고 결정하지 못하는 것보다는 낫기 때문이다. 다만 그런 조급증이 잘못된 판단과 실행으로 이어질 수도 있다. 그래서 이때는 평소보다 더 조심해야 한다. 신중하게 검토하고 집을 사야 한다는 말이다.

주택가격이 전반적으로 상승할 때도 어떤 집의 가격은 크게 오르고 다른 집의 가격은 적게 오른다. 다 똑같이 오르는 것이 아니다. 기왕이면 더 크게 오를 집을 고르고 골라서 사야 한다. 시장에서 장을 볼 때도 물건을 들었다 놨다 고민하지 않나. 500원짜리 물건 하나도 고민하면서 사는데, 하물며 수억 원 집을 사는 일이야 더 말할 필요가 없다. 고르고 또 골라야 한다. 가격이 상승하는 때에는 가격이 올라간 얘기만 나온다. 당연한 일이다. "어떤 집이 한 달 전에 얼마였는데 지금은 얼마나 올랐다.", "어느 지역에 최근 거래량이 얼마만큼 늘었다."와 같은 식이다. 이 말이 팩트이기는 하지만 절대 여기에 휘둘려서는 안 된다. 남들이 사니까 나도 산다는 식의 투자는 금물이다. 달리는 말에 올라타는 것 자체가 잘못된 일은 아니지만, 떨어져 다치지 않도록 조심해야 한다.

불과 몇 년 전이지만 모두의 뇌리에서 사라진 이슈가 있다. 남북 정상회담의 훈풍을 타고 이어진 접경지역 투자였다. 그야말로 남들 따라 하는 묻지마 투자가 이어졌다. 심지어 "노후를 위해 DMZ에 투자하라."라는 캐치프레이즈까지 인터넷에 돌았다. 원금에 2배에서 10배는 기본이라는 식으로 투자자를 유혹했다. 민통선 안쪽이라 직접 땅을 볼 수 없으니 안 보고도 사는 사람들이 부지기수라는 막말도 나돌았다.

요즘에는 어떨까? 집값 상승이 주춤해졌다. 이때도 남들만 쫓아가는 투자자가 많다. 이번에는 안 사는 쪽이다. "남들이 안 사니까 나도 안 산다.", "더 떨어지길 기다린다."와 같은 식이다. 안타까운 것은 이 와중에 정작 사야 하는 좋은 물건들도 안 사고 내 집 마련을 해야 하는 사람들까지 집사기를 미루는 것이다. 하지만 반대로 생각하면 집값이 오를 때는 정작 내가 사고 싶어도 못사는 경우가 많았다. 지금 같은 시기가 오히려 집을 사기 좋은 때일 수 있다. 사려는 사람들 간의 경쟁도 적다. 파는 사람이 갑자기 터무니없이 가격을 올리거나 안 팔겠다고 변심하는 일도 많지 않다.

불교 경전 '숫타니파타'에 "무소의 뿔처럼 혼자서 가라."는 말이 있다. 의롭지 못한 친구를 사귈 바에는 혼자서 결정하는 것이 낫다. 시류에 휩쓸려 부동산 투자를 해서는 안 되며, 안 해서도 안 된다. 큰소리에도 놀라지 않는 사자처럼, 그물에 걸리지 않는 바람과 같이 무소의 뿔처럼 혼자서 가라.

4 부동산 투자와 정책, 서울을 보는 이유

"북쪽 말은 남쪽으로 와서도 북쪽 바람을 맞으며 서 있고(胡馬依北風, 호마의북풍) 남쪽 새는 북쪽으로 와서도 남쪽 가지에 둥지를 튼다 (越鳥巢南枝, 월조소남지)."라는 말이 있다. 본래 뜻은 잠시도 고향을 못 잊는다는 것이지만 부동산 투자에 있어 서울에 대한 사람들의 지향성을 나타내는 데에도 적합해 보인다. 요즘의 투자자들은 서울과 그 주변에 관심이 쏠려있다. 이러한 행태가 사회적으로 바람직한지 바람직하지 않은지는 따로 논의가 필요 하다. 다만 서울과 수도권 쏠림 현상은 분명 실존한다. 중요한 부분은 바로 여기에 있다.

왜 수많은 지방의 땅과 집을 두고 서울과 수도권에 있는 것만 가격이 올라가는가? 그 이유는 바로 사람들이 그것을 수요하기 때문이다. 주택가격이 올라가는 일과 수요가 쏠리는 현상은 서로 맞물려 있다. 수요가 몰리기 때문에 올라가고, 올라가기 때문에 수요가 몰린다. 즉 두 가지가 서로를 끌어올린다. 이 과정에서 쏠려있는 수요가 실수요 인지 가수요인지는 투자자 입장에서 보면 구분의 실익이 없다. 물론 엄밀하게는 실수요가 더 큰 곳이 장기적으로 더 유망하다. 그러나 가격 측면에서는 실수요든 가수요든 상승압력으로 작용한다. 결국 수요에는 쏠림 현상이 발생한다. 그러면 중요한 것은 공급이다. 공급은 이러한 수요를 만족시킬 만큼 충분한가?

부동산과 부동산시장의 흐름에 대한 관심은 끊임없이 있어 왔다. 사람들의 집과 그 외의 부동산에 대한 수요와 관심도 끊임없이 이어졌다. 2011년~2013년 사이에 신흥 상권으로 세간에 큰 관심을 받은 북촌은 경복궁과 창경궁의 두 궁궐 사이, 오늘날 행정구역으로 삼청동, 안국동, 가회동, 계동, 재동에 이르는 지역으로 조선시대에 볕이 잘 들고, 가까이 궁궐이 있어 권문세가들의 주거지로 자리매김한 곳이다. 주로 양반들과 육조 관아에 근무하던 관리들이 거주했다. 상업이 충분히 발달하지 않았던 과거에는 '중심업무지역', 즉 도심이 곧 궁궐과 관아였으니 관아 인근에 있는 주거지로서 북촌에 대한 선호(수요)가 얼마나 컸을까? 북촌의 주거지에는 들어가지 못한 사람들이 모여 청계천 북쪽으로 주거지를 형성한 곳이 조선시대를 거쳐 일제시대로 오면서 형성된 공간이 오늘날의 익선동이다. 북촌과 익선동은 시간이 흘러 오늘날에도 고풍스러운 한옥과 특유의 분위기로 외국인 관광의 메카가 되었고, 서울의 중요상권으로서 관심을 받고 있다. 북촌의 경우엔 한동안 상권이 침체되어 있다가 최근 대통령 집무실이 용산으로 이전되고 청와대가 개방되면서 다시 상권이 좋아지고 있다.

오늘날 서울에서 높은 가격을 형성하고 있는 주거지는 대부분 업무지역과 가깝다. 과거와 달라진 점은 상업이 발달하면서 기업이 밀집한 업무지역이 궁궐과 관아를 대신하고 있을 뿐이다. 과거에는 궁과 관청이 주요 산업과 일자리였던 것을 기업이 대신하고 있을 뿐 본질적으론 같은 것이다.

시간이 흘러 산업과 경제가 발전하면서 이촌향도 현상과 지방인구의 서울·수도권 인구 집중이 심해지면서 서울은 지리적으로 확대되었다. 그리고 곧 서울은 만원이 되었다. 이 과정에서 서울 중심지의 땅값은 천정부지로 올라갔다. 1966년부터 1980년까지 장장 15년의 기간 동안 하루 평균 894명의 인구가 매일 서울로 올라왔다. 서울시는 매일 1,340kg의 쓰레기 처리, 버스 18대 증설, 상하수도 268톤 증가를 감당해야 했다(이하 손정목, '서울도시계획이야기' 참조). 당연히 주택 수는 매우 부족해졌고, 집값(땅값) 역시 또 올라갔다. 이때 남쪽으로 한강이라는 천연의 장애물을 넘기 전에 먼저 개발을 시작한 곳이 용산, 오늘날의 이촌동이다. 그리고 여전히 물리적으로 부족한 서울 도성의 공간을 대규모로 확장시키면서 확대된 곳이 여의섬과 말죽거리(양재) 이북의 강남이다. 이촌동 일부와 여의도 90만평, 강남 900만평이 개발되었음에도 불구하고 밀려드는 인구에 비해서는 여전히 집과 땅이 부족했다. 마찬가지로 집값(땅값)은 지속적으로 올라갔다. 이후 서울은 서로는 양천구 목동, 북으로는 노원 상계동, 남으로는 말죽거리 이남의 강남(개포)으로까지 외연을 확장했다. 그리고 대규모로 주택과 택지의 공급이 이루어졌다.

그래도 여전히 서울의 주택 수요는 끊임이 없었고, 집값은 시민들이 감당하기에 부담스러운 가격이 되었다. 정부 정책에 의해 1기 신도시, 2기 신도시가 개발되면서 서울의 집에 대한 수요는 서울과 가까운 곳, 즉 과천·일산·분당·평촌·산본 등 수도권으로 넓어졌다. 왜 안성·이천·파주·양주가 아닌 그 외의 수도권이었을까? 서울과 가까운 곳을 찾아서 이동했기 때문이다. 결국 공급은 늘 부족했고 집에 대한 수요는 여전히 서울과의 거리를 중심으로 서울에 남아있었던 것이다.

주택의 공급을 다루는 지표 중에 주택보급률이 있다. 주택보급률은 주택 수를 일반가구 수로 나눈 값이다. 과거에는 주택의 절대부족 문제가 심각했다. 따라서 질을 떠나 주택정책목표가 주택 수에 초점이 맞춰져 있었다. 주택의 질을 떠나 빈집을 포함한 모든 집 수를 공급으로 규정한 이유가 여기에 있다. 즉 주택보급률은 주택의 질을 고려하지 않고 멸실되지 않은 모든 집 수를 공급량으로 반영한다. 게다가 신주택보급률로 1인 가구까지 포함시키기 전에는 1인가구를 제외한 혈연가구만을 수요로 상정했다. 결국 수요가 과소계상되는 문제가 있었다. 또한 주택의 소유형태(자가보유율과 공유)도 반영하지 못한다. 결국 주택보급률은 수치로만 보면 전국적으로는 2007년 99.6%에서 2008년 100.7%로 100%를 넘어섰다(신주택보급률 기준). 하지만 그 사이 서울의 집값은 계속 올라갔다. 게다가 이 주택보급률로도 2018년 기준 서울은 95.9%, 수도권은 99%로 100%를 넘지 못한다.

게다가 주택을 2채 또는 그 이상 가진 사람이 많다. 등록된 주택임대사업자 수만 전국적으로 약 48만 명이다. 국내 가구 수는 약 1,980만호 정도이며 서울 가구 수는 384만호이고 서울의 주택 수는 250만호다. 주택 수를 기준으로 해도 서울에서 약 134만호는 집을 가질 수 없다. 여기에 주택에 대한 선호와 새집 선호까지 반영하면 서울은 더 심각해진다. 서울의 아파트 수는 약 150만호다(2018년 주택 소유통계 참조). 서울 가구 384만호와 비교하면 234만호는 물리적으로 서울 아파트를 소유할 수 없다. 수도권의 가구수를 약 600만호로 상정하면, 역설적으로 서울의 집값이 안정화되면(혹은 떨어지면) 수도권 600만호(기존 서울 384만호를 빼면 216만호)가 대거 서울 집의 수요자로 바뀔 것이다. 서울의 집값이 쉽게 떨어지지 않을 거라고 보는 이유다. 결국 투자자든 실수요자든 여전히 서울, 혹은 범위를 넓혀도 수도권 위주로 관심을 가질 수밖에 없다. 즉 가격의 향방이 어떻든 수도권, 특히 서울의 집을 볼 수밖에 없다. 분명한 건 수도권, 특히 서울은 여전히 집이 부족하다는 점이다. 부동산 투자자도 정책 입안자도 이러한 관점에서 볼 필요가 있다. 그렇게 많이 집(아파트)을 지었음에도 여전히 집(아파트)은 부족하다.

2017년 12월 정부가 발표한 1차 주거복지로드맵이 일부 지역에서 보상 등 가격에 미친 부작용이 있었다. 그럼에도 불구하고 근본적으로 국민들의 수요가 있을 만한 지역에 대규모로 주택의 '공급'을 늘리는 방향을 띠고 있었다는 점에서 정책의 방향성은 바람직하게 수립되었다고 본다. 2020년 8·4대책에는 서울과 수도권 주요 지역에 정부 주도로 공급을 늘리는 방안이 포함되었다. 그간 추진해 온 수요억제 일변도의 정책에서 벗어나 공급에 초점을 맞췄다는 점에서 긍정적으로 평가할 만하다. 서울 강북은 물론 강남과 용산, 과천 등 사람들이 선호하는 지역까지 포함하여 공급을 늘리기로 했다는 점을 높이 살만하다. 결과적으로 중장기적으로는 공급량 증가가 집값 안정에 긍정적인 시그널을 줄 수 있다고 본다. 다만 공급 시점까지는 시차가 있으므로 단기적인 영향은 좀 더 지켜봐야 한다. 그리고 공공 재건축과 재개발에서 민간의 호응을 이끌어내야 하는 등 과제도 남아 있다. 그리고 앞으로도 지속적으로 공급 친화적인 정책을 내놓을지도 중요하다. 아직까지는 갈 길이 멀다.

부동산 시장의 가격 본질은 언제나 시장의 공급과 수요에 있다는 사실이 중요하다. 금융위기 이후 침체되었던 주택경기가 빠르게 회복한 2015년에서 2017년에도 사람들의 수요가 없는 지방에서는 여전히 대규모의 미분양 물량이 남아 있었다. 사람들이 필요로 하는 곳과 그곳을 대체할 수 있는 곳에 집을 공급하는 정책과, 집을 계속 공급하겠다는 시그널이야말로 과열된 집값을 안정화시키는 방법이다. 수요가 많은 곳에 공급을 늘릴 것, 그것이 집값의 과열을 막는 가장 좋은 방법이다. 그 외의 방법은 다 '언 발에 오줌 누기'일 뿐이다.

5 부동산 투자, 무엇이 중심이 되어야 할까?

부동산 투자에 대한 사람들의 말을 듣다 보면 투자의 중심을 잡지 못하고 우왕좌왕하는 경우가 많다. 논어 '子罕篇(자한편)'에 "智者不惑(지자불혹) 仁者不憂(인자불우) 勇者不懼(용자불구)"라는 말이 있다. 지혜로운 사람은 혹하지 않고 어진 사람은 근심하지 않으며 용감한 사람은 두려워하지 않는다는 의미를 담고 있다.

지혜로운 사람은 유혹에 흔들리지 않는다. 부동산 투자에서도 마찬가지다. 주변에 다른 사람이 집을 사서 많은 돈을 벌었다고 조바심을 내면 안 된다. 종종 앞뒤를 재지 않고 '따라가는 식의 투자'를 하는 경우가 있다. 그 사람의 몸에 맞는 옷과 나한테 맞는 옷이 서로 같을 수 없는데 욕심이 앞서 분별없이 뛰어드는 경우다. 부동산 투자는 일반적으로 장기투자이다. 투자하는 기간 동안 다양한 사정이 생길 수 있다. 사업 등 관계로 급하게 돈을 써야 하는 경우가 대표적이다. 시장 전망이 좋다 해도 지금 당장 그 부동산을 팔아서 다른 일에 써야 한다면 앞으로 전망이 좋은 것은 소용이 없는 일이다. 결국 부동산 투자를 현명하게 하려는 사람이라면 '시장'을 볼 것이 아니라 '나' 자신을 봐야 한다. 시장 상황이 좋았다가 나빠지고, 나빴다가 좋아지는 기간 동안 3년이나 5년, 혹은 그 이상의 기간 동안 이 자금을 급히 써야 할 일이 있는지 없는지를 살피는 것이 더 중요하다. 지자(智者)는 남과 속도를 겨루는 것이 아니라 자기 자신과 겨룬다.

마찬가지로 어진 사람은 미리 근심하지 않는다. 스스로에게 떳떳하다면 근심이 생길 일이 없다. 다주택자에 대한 과세가 강화되고 있어 많은 투자자들이 근심을 하고 있다. 2019년부터 다주택자의 경우 양도세뿐 아니라 전세와 월세와 같은 임대소득에 대해서도 세금을 내야 한다. 재산세와 종부세도 이전보다 더 많이 낼 수 있다. 하지만 벌었으니 내는 세금일 뿐이다. 내가 번 것보다 더 떼어가는 세금은 세상에 존재하지 않는다. 부동산이 아닌 다른 것에 투자했어도 소득이 생기면 세금을 내야 한다. 정부에서 다주택자에 대해 단속하고자 하는 것도 결국 사업자등록 없이 소득과 세금을 누락시키는 것을 경계하는 것이다. 미래가치가 있어서 오랫동안 보유할 만한 물건이라면 주택임대사업자로 등록할 수 있었다(2020년 7 · 10대책으로 아파트는 더 이상 등록할 수 없다). 그리고 그 기간 동안 임대료를 법이 정한 적정 수준(5%)으로만 올리고, 임대소득신고를 잘 하면 되는 일이다. 탈세하는 일 없이 떳떳하다면 세금을 근심할 이유가 없다. 인자(仁者)는 불필요한 걱정을 앞세우지 않는다.

용감한 사람은 투자를 무서워하지 않는다. 경기가 안 좋을 때는 안 좋은 대로, 그래도 빛을 발하는 부동산이 있기 마련이다. 가격이 떨어질 때도 다른 부동산보다 덜 떨어지고, 올라갈 때는 더 많이 올라가는 부동산이 있다. 그래서 용감한 사람들은 항상 '언제'가 아니라 '어떤 것'을 살지를 고민한다. 그리고 투자를 한 다음에는 규제와 같은 외부의 변수에 흔들리지 않는다. 믿음이 있기 때문이다. 때에 따라 경기 조절을 위해 부동산시장에서 규제와 완화가 반복될 수 있다. 그럼에도 불구하고 부동산시장에서 가장 중요한 것은 각 지역별로 발생하는 수요와 공급이다. 수요가 집중되는 곳, 즉 좋은 미래가치가 있는 곳은 경기나 규제에도 크게 흔들리지 않는다. 따라서 용자(勇者)는 정책의 흐름을 주시하되 두려워하지 않는다.

임대수익률만 보고 투자했다가 망했다

2020년 주택에 대한 강력한 대책을 담은 7·10대책이 발표되었다. 집값을 안정시키기 위한 대책이 2017년 8·2대책 이후로 계속 나왔다. 대책의 강도도 점점 강해지고 있다. 그런데 이러한 대책은 주로 주택에 대한 규제로 나타난다. 주로 대출을 어렵게 하고 세금을 강화하는 내용이다. 대책의 효과와 이를 통한 집값 안정의 실현 가능성은 의문시 되지만 어쨌든 규제가 실행되고 있다.

이러한 부동산 시장의 한 부문인 주택, 그 중에서도 아파트에 대한 규제가 강해질 경우 시중 자금은 자연스럽게 규제가 덜한 곳으로 관심이 옮겨가게 마련이다. 결국 수익형 부동산에 관심을 두는 고객이 많아졌다. 수익형 부동산은 주택과는 달리 기본적으로 상업, 즉 산업에 투자되는 것이므로 대출에 대한 규제도 덜하고 종부세와 같은 보유세의 폭증도 없다. 따라서 주택에 대한 규제가 유지되는 한 수익형 부동산에 대한 관심은 증가할 것이다.

그런데 주의해야 할 부분이 있다. 수익형 부동산이라고 다 전망이 좋은 것은 아니라는 점이다. 수익형 부동산에는 다양한 상품이 존재 한다. 가령 상가의 경우에도 단독의 대지 위에 상가건물이 있는 건물, 이른바 꼬마빌딩이 있는가 하면 아파트 단지 내 상가와 같이 대지를 지분으로 가진 구분상가도 있다. 아파트 단지 내 상가 외에도 이른바 집합상가라고 해서 쇼핑몰 내에 칸으로 구획된 '튼' 상가도 있다. 어느 쪽이든 일단의 토지를 나누어 지분에 해당하는 대지권으로 등기되는 형태다. 즉 같은 상가지만 꼬마빌딩과는 달리 임대수익이 전부일 뿐 토지가치의 상승을 기대하기는 어렵다는 뜻이다. 오피스텔이나 도시형생활주택도 마찬가지다. 토지의 미래가치에 의한 자본수익보다는 임대수익률이 전부인 부동산이다. 대개 구분상가와 오피스텔, 도시형생활주택은 처음에 신축되었을 당시가 가장 좋은 상태다. 하나의 건물에 소유자가 나눠져 있으니 제대로 관리되기는 어렵고 시간이 갈수록 건물은 노후화된다. 처음에는 임대로 잘 나가고 월세도 잘 들어올 수 있지만 코로나19의 유행과 같은 위기가 있을 땐 크게 흔들려서 다시 일어서지 못하는 경우가 많다.

그리고 대개의 경우 처음 투자했을 때보다 상가의 가격이 올라가는 경우가 드물다. 즉 자본수익을 기대하기 어려운 경우가 많다. 그런데도 많은 사람들이 수익형 부동산에 투자할 때 자꾸 임대수익률에 현혹된다. "보증금 얼마에 매월 얼마가 들어온다"는 말에 속는 것이다. 하지만 중요한 것은 자본수익이다. 임대수익형 부동산을 수익률에만 현혹되어 투자했다가 결국엔 자본수익이 없으면 말짱 도루묵이다. 가령 3억 원 주고 산 부동산이 3년 뒤에 시세 2억5천만 원이 되었다면 내 돈(취득가액) 중 일부로 임대료를 나한테 내고, 내 돈으로 세금(임대소득세)까지 낸 셈이 된다. 매년 1,500만 원(3억 원 투자시 세전 5%의 임대수익률)을 받았어도 결국엔 500만 원 이상 손해인 것이다(시세 감소액 5,000만 원 〉 1,500만 원 × 3년).

결국 수익형 부동산에 투자할 때는 임대수익률의 함정에 빠지지 않는 것이 중요하다. 특히나 오피스텔이나 도시형생활주택의 경우 주변에 추가공급이 있을 경우 급격하게 가격이 하락할 가능성이 크다. 따라서 수익형 부동산에 투자할 때는 임대수익률이 아니라 '미래가치수익률'을 볼 수 있어야 한다. '미래가치수익률'은 '임대수익률 + 자본수익률'이다. '자본수익률'은 오로지 땅(대지)이 가진 가치에서 비롯된다. 설사 땅의 크기가 현저하게 작다 하더라도 내 맘대로 할 수 있는 단독건물이 미래가치를 실현하기 더 쉽다. 부동산의 가치는 어디까지나 땅에서 나온다는 사실을 잊지 말자.

7 「건축법」, 창문의 크기도 정해져 있다고?

1696년 영국에는 '창문세'라는 것이 있었다. 집에 붙어 있는 창문의 수에 따라 세금을 부과한 것이다. 가령 창문의 수가 여섯 개 이하라면 과세대상이 아니었다. 결과적으로 이 시기에 영국인들은 창문세를 피하기 위해 창문이 없는 건물을 짓기도 했다. 지금 생각하면 참 별사소한 것까지 다 법(조세)에서 정했다는 생각이 든다. 그런데 현대에도 이런 경우가 많다. 법률은 매우 사소해 보이는 많은 것들을 규정하고 있다. 게다가 이러한 규정은 다 이유와 근거가 있고 그렇게 해야 할 만한 것들이다. 문제는 우리가 그것을 알지 못하고 있거나 알려고 하지 않는다는 데 있다.

흔히 부동산 공부를 부동산학, 즉 부동산을 중심으로 발생하는 돈의 흐름이나 가격과 투자의 방향성에 대한 공부로만 생각한다. 부동산을 경제적 관점으로만 바라보는 것이다. 경제적 측면에서의 부동산은 물론 중요하다. 하지만 부동산학, 즉 부동산 공부에서 더 중요한 것은 법에 대한 공부다. 그리고 이 점은 곧 경제적 관점에서의 부동산 공부에도 중요한 요소가 된다.

애초에 부동산 자체를 정의하고 분류하고 있는 것이 대부분 법이다. 예컨대 우리 「민법」은 제99조에서 토지 및 그 정착물을 부동산이라고 정의한다. 토지와 건물은 별개의 부동산으로 취급된다. 법에서 그렇게 정했기 때문이다. 이외에도 부동산의 거래, 공시의 방법과 취득, 소유와 점유, 사용 수익 등 부동산과 관련된 수많은 행위들이 모두 법에 의해 정해진다. 결국 부동산에 대한 공부는 법에 대한 공부다. 투자자들이 부동산법에 관심을 가져야 하는 이유가 바로 여기에 있다. 부동산 공부를 하려면 결국 법을 공부해야 한다. 예를 들어 토지의 기본적인 가치를 구분하는 것도 역시 법이다. 우리 법은 「국토의 계획 및 이용에 관한 법률」을 통해 토지의 이용, 도시의 계획에 관한 큰 틀을 정하고 있다. 이 법률에 의해 분류된 용도지역, 용도지구, 지구단위계획 등에 의해 모든 땅의 가치가 정해진다. 그리고 이를 기반으로 「건축법」, 「주택법」 등 건물에 대한 규제와 정의를 하는 법률이 어떤 토지 위에 지을 수 있는 건물의 종류와 규모 등을 정한다. 「주택법」, 「임대주택법」, 「부동산등기법」, 「부동산등기 특별조치법」, 「부동산 실권리자명의 등기에 관한 법률」 등 수많은 법률이 부동산에 대해 정의하고 기준을 제시한다.

이 중 「건축법」은 아주 사소하다고 생각되는 것까지 정하고 있다. 따라서 「건축법」은 부동산 투자자에게도 가장 직접적인 영향을 미치곤 한다. 가령 채광을 위해 거실에 설치하는 창문 등의 면적은 거실 바닥면적의 1/10 이상이어야 한다. 또한 환기를 위해 거실에 설치하는 창문 등의 면적은 거실 바닥면적의 1/20 이상이어야 한다. 뿐만 아니라 거실의 습기 방지 구조도 법에서 정한다. 이외에도 건물에 사용할 수 있는 재료의 기준과 계단의 크기까지도 다 법에서 정하는 기준이 있다. 물론 각각 예외는 있다(「건축물의 피난·방화구조 등의 기준에 관한 규칙」 제17조 참조).

결국 부동산에 관심이 있는 투자자라면 부동산의 가격흐름, 경기순환, 상권, 임대료 등 일반적인 내용에만 매몰될 것이 아니라 보다 근본적인 공부에 신경 써야 한다. 토지와 건물의 거래, 건물의 신축, 구조와 용도의 변경 등 부동산에 대한 수많은 내용을 법이 규정하고 있기 때문이다. 부동산에 대한 경험과 직감, 시세에 대한 판단만을 가지고 함부로 부동산 투자에 뛰어들어서는 안 된다. 많은 경우 경험과 직감에만 의존한 투자과정에서 잘못된 거래를 하거나 분쟁에 휘말리게 된다. 부동산 공부는 곧 부동산법에 대한 공부임을 명심하자.

부동산 투자 그렇게 하는 거 아니야

Chapter 2

법을 알아야 부동산 투자도 할 수 있다

1 노선상업지역의 용적률

부동산을 이해하는 방법에는 여러 가지가 있다. 일반적으로 많이 쓰이는 방식은 지표를 살펴보는 것이다. 아파트 매매지수나 전세지수, 거래량 등이 그것이다. 비교적 단순하고 객관화되어 있기 때문에 가장 흔하게 쓰인다. 한편 일반인들을 대상으로 한 설문조사 방법 역시 부동산을 이해하는 데 있어 중요한 방법 중 하나다. 이는 구체적인 지표와는 달리 사람들의 심리적 방향성을 보여준다.

부동산을 이해하는 방법 중 결이 다른 것 중 하나는 바로 법을 살펴보는 것이다. 부동산을 둘러싼 여러 가지 현상들은 크건 작건 대부분 법률의 영향을 받는다. 따라서 어떤 부동산이 왜 저런 형태가 되었을까를 살펴볼 때 법률의 규정을 찾아보고 이해하는 것이 도움이 된다. 예를 들어 건폐율과 용적률이라고 하는 법률적 규제가 있다. 대한민국의 모든 땅은 「국토의 계획 및 이용에 관한 법률」에 의해 용도지역이 정해져 있다. 국토는 토지의 이용실태 및 특성, 장래의 토지이용 방향, 지역 간 균형발전 등을 고려하여 도시지역, 관리지역, 농림지역, 자연환경보전지역으로 나뉜다. 그리고 도시지역은 다시 주거지역, 상업지역, 공업지역, 녹지지역으로 나뉜다. 이와 같은 분류에 따라 땅의 용도별로 지을 수 있는 건물의 규모도 정해져 있다. 여기서 건폐율과 용적률이라는 개념이 등장한다. 건폐율은 대지면적에 대한 건축면적(수평투영면적)의 비율을 말한다. 그리고 용적률은 대지면적에 대한 건축물 각층의 면적을 합계한 연면적의 비율이다.

건폐율과 용적률은 법에서 정한 범위 내에서 각 지차체 조례에 의해 결정된다. 예를 들어 서울의 경우 3종 일반주거지역의 건폐율은 50% 이고 용적률은 250%이다. 대지 330㎡이라면 3종 일반주거지역에는 한 층의 바닥면적을 최대 165㎡로 지을 수 있고, 건물의 전체 연면적은 825㎡(지상층 기준)까지 지을 수 있다. 일반상업지역은 건폐율 60%, 용적률 800%이며 한 층 바닥면적 198㎡에 연면적 2,640㎡까지 지을 수 있다. 연면적을 더 크게 지을 수 있다는 것은 임대할 수 있는 공간이 더 많다는 것을 의미한다. 당연히 3종 일반주거지역보다 일반상업 지역의 토지가 더 비싼 경우가 많다.

결국 건폐율과 용적률에 의해 그 지역의 스카이라인이 결정된다. 그런데 어느 특정 지역의 경우 스카이라인이 제각각인 경우가 있다. 대표적인 곳이 영동대로 봉은사역 주변과 도산대로다. 이 일대 도로 전면부에 면한 토지들을 보면 3종 일반주거지역과 일반상업지역이 한 개의 토지에 대해 같이 나타난다. 이런 곳을 노선상업지역이라 한다. 노선상업지역의 경우 두 개의 용도지역이 섞여 있기 때문에 건폐율과 용적률은 해당 면적별로 가중평균하여 건물을 지을 수 있다. 예를 들어 3종과 일반상업의 면적이 절반씩이라면 건폐율은 (3종 토지면적 × 50%) + (일반상업토지면적 × 60%)와 같이 적용된다. 마찬가지로 용적률은 (3종 토지면적 × 250%) + (일반상업토지면적 × 800%)로 정해진다.

한편 이와 같은 법 적용은 2012. 2. 1. 「국토의 계획 및 이용에 관한 법률」 제84조가 개정된 이후의 일이다. 개정 전, 즉 2012. 2. 1. 이전에는 일반상업지역에 해당하는 토지면적이 더 크면 전체 토지를 상업지역으로 보고, 3종 일반주거지역에 해당하는 토지면적이 더 크면 전체 토지를 3종으로 보고 건폐율과 용적률을 적용받았다. 결국 노선 상업지역에 있는 토지 중 상업지 면적이 3종의 면적보다 큰 곳은 법 개정 전에 대거 건축 인허가를 받았다. 법 개정 후에는 가중평균이 적용되어 지을 수 있는 면적이 줄어들기 때문이다. 법 개정 전에 인허가를 받은 경우 종전 규정에 의해 상업지 면적의 비중이 50%를 넘으면 전체 토지에 대해 상업지의 건폐율과 용적률을 받을 수 있었던 것이다.

반면에 이와 같은 법률적 변동을 미처 인지하지 못한 토지 소유자들의 경우 미리 인허가를 받아놓지 못했고 결국 더 크게 지을 기회를 잃었다. 결국 저곳은 왜 저렇지, 저 건물은 왜 높고 옆의 건물은 낮을까라고 하는 의문 뒤에는 토지와 건물을 둘러싼 법적 이유가 있었던 것이다. 부동산 공부에 있어서 지표나 시황의 중요성만큼이나 법에 대한 공부가 중요한 이유가 바로 여기에 있다. 법률은 생각보다 우리 가까이에서 우리의 삶에 영향을 미치고 있다. 따라서 법을 공부하지 않고 부동산으로 자산관리를 한다는 것은 어불성설임을 명심하자.

논어에 '說而不繹(열이불역)'이라는 말이 있다. '繹(역)'이란 뜻을 풀이하는 것을 말한다. 풀이를 하기 위해서는 우선 사물이나 현상을 살펴야 한다. 그리고 그 근간에 있는 사유를 기꺼이 찾고자 하는 마음이 있어야 한다. 그래야 비로소 뜻을 풀이하고 이해할 수 있을 것이다.

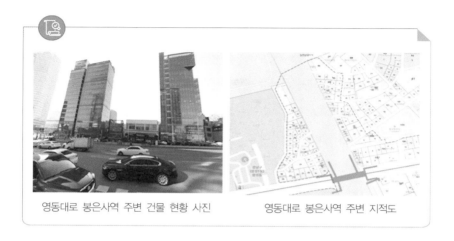

영동대로 봉은사역 주변 건물 현황 사진　　영동대로 봉은사역 주변 지적도

2 부동산계약과 법, 계약서상 한 줄의 힘

　부동산거래를 할 때 가장 중요한 것 중 하나는 계약서를 잘 쓰는 것이다. 그런데 통상 부동산거래를 할 때 정형화된 표준계약서로만 계약이 이뤄지는 경우가 많다. 일반적인 아파트거래나 임대차 계약에서는 표준화된 계약서만으로도 크게 문제가 생기지 않을 수 있다. 그런데 그 외의 부동산거래, 특히 토지를 포함한 거래를 하는 경우에는 계약서를 쓸 때 주의가 필요하다. 토지를 포함한 부동산거래에서 매매 대상 부동산의 실제 면적이 계약면적보다 부족한 경우, 이로 인해

계약의 해제나 매매대금의 변동까지 초래하는 상황이 될 수 있다. 뿐만 아니라 매수·매도 당사자는 물론 중개인까지 분쟁에 휩싸이는 경우가 자주 있다. 특히 계약서에 토지의 공부상 면적을 표시하고 거래한 후 매수자가 측량을 하는 과정에서 실제 면적이 부족한 것이 밝혀지는 경우에 매매대금의 감액이나 계약 해제를 다투게 되는 경우가 발생한다.

이때 중요한 것은 계약서를 어떻게 작성하였는가 하는 점이다. 계약서에 기재한 면적이 일단의 토지를 전체로서 평가하고 그 대금도 전체로서 결정된 경우라면 공부상의 면적을 기재했다고 해도 그것만으로는 그 후 측량과정에서 면적 부족을 이유로 대금의 감액이나 계약의 해제를 할 수 없다. 반면에 토지면적을 표시하고 그 토지면적을 기준으로 가격을 결정하는 경우에는 실제 측량 결과 부족한 면적에 따라 감액을 청구할 수 있다. 만약 부족한 면적만으로는 토지를 매수하지 않았을 것이라면 계약의 해제와 손해배상도 청구할 수 있다(「민법」 제572조, 제573조, 제574조 참조). 이를 수량(면적)을 지정한 매매라고 한다. 하지만 면적에 대한 표시가 있는 것만으로는 수량을 지정한 매매라고 볼 수 없다. 단위면적당 가격으로 거래금액을 정한 것이어야 한다.

우리 「민법」은 제105조(임의규정)에서 "법률행위의 당사자가 법령 중의 선량한 풍속 기타 사회질서에 관계없는 규정과 다른 의사를 표시한 때에는 그 의사에 의한다."고 규정하고 있다. 즉 사회질서에 반하지 않는 한 당사자의 의사가 법령에 우선하여 적용된다는 뜻이다.

이를 계약자유의 원칙이라고도 한다. 부동산 매매계약서를 꼼꼼히 챙겨야 하는 이유다. 따라서 이런 경우 계약서를 어떻게 작성했는지가 중요 하다.

「민법」에서 정하는 수량을 지정한 매매로 보기 위해서는 면적의 표시뿐 아니라 매매대금도 그 수량(면적)을 기초로 정해진 것이어야 한다(대법원 86다카1380). 부동산거래 때 면적의 증감이 중요한 사안이고 거래 후 신축 등으로 측량을 전제로 하는 경우에는 면적과 단위당 가격을 기재하는 것이 좋다. 뿐만 아니라 면적의 증감이 있는 경우 거래대금을 조정하기로 하는 특약을 두는 것도 방법이다. 구체적으로 작성된 계약서일수록 나중에 분쟁의 소지도 없고 당사자간에도 원만한 합의를 이룰 수 있다는 점을 명심하자.

3 아파트 전용면적과 세금

대한민국은 법치국가다. 결국 우리가 사는 세상은 항상 법의 영향을 받는다. 법에 의해 기업이나 개인의 행동양식까지 정해지는 경우가 많다. 그리고 미처 생각하지 못한 부분까지 법의 영향을 받는다.

한가지 예로 「건축법」이 아파트에 미치는 영향을 살펴보자. 아파트의 평면에서 베이(BAY)란 기둥과 기둥 사이, 통상 주택의 전면부 공간을 말한다. 전면에 거실과 안방 한 칸이 면해있는 것을 2베이 구조라고 한다. 거실, 안방과 작은방이 전면부 일렬로 배치된 것이 3베이 구조다. 최근 대형면적의 경우에는 4베이 구조도 많아지고 있다. 2베이 구조에 비해 3베이나 4베이는 전면의 발코니 길이가 늘어난다. 그런데 「건축법」 상 폭 1.5m 이내의 발코니는 전용면적에서 제외된다. 따라서 베이 수에 따라 발코니면적이 커지고 확장시 실사용 면적에서도 유리한 결과가 된다. 법률에 의해 아파트의 평면구조도 변화했던 것이다.

세법도 마찬가지다. 세법은 다른 어떤 법률보다 우리 주변에 깊숙이 영향을 미치고 있다. 예컨대 연구인력개발비 세액공제제도는 기업으로 하여금 독립된 연구개발부서를 운영하도록 장려하게 된다. 연구개발 부서의 인건비 등 비용에 대해 공제를 받을 수 있기 때문이다. 근로 소득자의 신용·체크카드 소득공제는 사람들로 하여금 현금 대신 카드를 주로 사용하게 했다. 이로 인해 시골 가게에서도 1,000원짜리 음료수를 카드로 살 수 있게 되었다.

그러면 부동산에는 세법이 어떤 식으로 영향을 미쳤을까? 아파트의 전용면적 구성을 살펴보자. 아파트 전용면적 구성에서 눈에 띄는 것은 85㎡와 60㎡ 그리고 40㎡ 세 가지다. 3.3㎡를 1평으로 표시하던 과거 호칭 기준으로 각각 26평, 18평, 12평으로 부르던 것이다. 분양면적 기준으로는 과거 호칭 기준 34평, 26평, 18평 아파트다. 현존하는 아파트의 상당수가 이렇게 비슷한 면적으로 구성되어 있다. 왜 그럴까?

1973. 1. 15. 「주택건설촉진법」이 제정되었다. 이 법은 1981년 4월 개정시 국민주택기금을 설치한 뒤 2003년 11월 「주택법」으로 전면 개정되어 지금에 이르고 있다. 당시는 주택보급률이 약 74%에 불과하던 때로 주택의 공급을 촉진하기 위해 제정된 법률이다. 여기서 국민주택이란 개념이 등장한다. 국민주택은 국민주택기금으로 건설하여 공급하는 주택을 말한다. 정부 자금이 유리한 조건으로 지원되므로 규모를 제한할 필요가 있었다. 정부 자금이 지원되므로 국민 다수의 서민들에게 혜택이 돌아가야 했기 때문이다. 결국 전용 85㎡ 이하(지방은 100㎡)를 국민주택규모로 정의하였다. 즉 건설사가 자금을 지원받아 아파트를 분양하기 위해서 85㎡ 이하로 평면을 구성한 것이다. 이후 농어촌특별세나 양도세 감면, 임대주택 감면 등도 모두 85㎡를 기준으로 혜택이 구분된다.

60㎡와 40㎡는 어떨까? 역시 세법에 답이 있다. 최초 분양하여 60일 내 임대사업 등록하는 공동주택과 주거용 오피스텔은 전용 60㎡ 이하인 경우에만 취득세가 면제된다. 또한 공동주택 또는 오피스텔 둘 중 각각 2채 이상 임대 등록하는 경우 전용 40㎡, 60㎡, 85㎡ 이하 각 면적에 따라 재산세, 지역자원시설세 등이 25~100%씩 감면된다. 그리고 전용 60㎡ · 기준시가 3억 원 이하는 2018년 12월 31일까지, 전용 40㎡ · 기준시가 2억 원 이하는 2023년 12월 31일까지 주택임대소득세 계산시 주택 수와 보증금합산대상에서 제외된다. 결과적으로 분양 성공을 위해 세법상 혜택이 주어지는 면적으로 평면이 구성된 것이다.

실제로 이러한 각 세법 규정 이전에 지어진 아파트의 경우 전용면적 구성이 다르다. 대표적인 것이 은마아파트다. 은마아파트는 전용 76.79㎡와 84.43㎡로 지어졌다. 은마아파트는 1978년 5월에 사업 승인을 받았다. 이때도 국민주택규모 규정은 있었기 때문에 은마아파트는 전용 85㎡ 이내로 지어졌지만 지방세감면 규정은 없었기 때문에 60㎡와는 상관없이 85㎡만 고려하여 건축되었다. 여의도 시범아파트도 마찬가지다. 시범아파트는 1971년 여의도 종합개발계획에 따라 지어졌다. 전용면적이 60.96㎡, 79.24㎡, 118.12㎡, 156.99㎡로 구성되었다. 이때는 국민주택규모를 규정한 「주택건설촉진법」도 생기기 전이기 때문에 전용면적의 구성이 지금과는 완전히 달랐던 것이다.

1990년대 초반에 지어진 아파트들의 경우에는 대형평형을 제외하고는 전형적인 전용면적 구성을 보인다. 대방 대림아파트의 경우 4개 면적 구성 중 중소형 2가지가 전용 59.84㎡, 84.92㎡의 면적으로 구성되어 있다. 1990년대 초에 지어진 부천 일대 아파트 단지의 소형 면적부터는 전용 39.84㎡가 제일 작은 면적으로 구성되었다. 큰방 하나, 작은방 하나, 주방 겸 거실로 구성된 평면이다. 부천 상동의 반달마을 동아·선경 아파트 등이 그렇다. 반면에 최근 지어지는 아파트의 경우 세법상 혜택에도 불구하고 평면구성이 다양화되는 모습을 보이고 있다. 대치동 래미안대치팰리스 1단지(2015. 9. 입주)의 경우 작은 면적은 전용 59.99㎡, 84.99㎡로 역시 전형적인 면적이지만 전용 89.03㎡, 91.55㎡와 같이 국민주택규모 등과 무관하게 지어진 평면이 많다. 세법상의 혜택보다는 평면 구조의 다양성을 원하는 트렌드에 맞춘 것이다. 2010년대 이후에는 이처럼 세법과 평면의 다양성이 조정된 형태를 띠기도 한다.

주거목적이든 투자목적이든 아파트 구입을 위해 열심히 공부하는 사람들이 많다. 입지나 주변 교육환경, 교통환경과 편의시설을 따지고 살핀다. 거액의 돈과 관련된 일이므로 반드시 필요한 일이다. 더 나아가 저 부동산은 왜 저런지, 왜 특정 시기에 지어진 아파트는 저런 구성을 하고 있는지도 살펴보고 이유를 찾을 수 있다면 금상첨화일 것이다. 지나치기 쉬운 아파트 평면에도 다 이유가 있고, 결국 사람들은 알게 모르게 이를 바탕으로 의사결정하기 때문이다.

4 1990년대 후반~2000년대 초반 신축되어 용적률이 더 큰 건물들

서울의 어느 지역이나 특정 건물이 주변보다 큰 경우가 있다. 왜 같은 지역, 같은 블록에서 어떤 건물은 크고 어떤 건물은 작을까? 이런 의문을 갖는 것은 투자에 있어 매우 중요하다. 특히 꼬마빌딩에 투자하려는 경우에는 더욱 그렇다. 건물의 가격은 통상 상권의 발달과 입지에 따라 정해지지만, 땅 면적이 같고 가격이 비슷하다면 건물이 더 큰 것이 좋다. 임대공간이 늘어날수록 수익률이 좋기 때문이다. 건물 한 층의 바닥면적(=건축면적)도 마찬가지다. 특히 1층이 넓을수록 좋다.

예를 들어 대한민국에서 땅값이 가장 비싼 명동에는 대지 66.8㎡에 한층 바닥면적이 64.68㎡인 곳도 있다. 대지면적의 약 97%로 사실상 비어있는 곳 없이 대지 전체에 건물을 올린 것이다. 논현동 먹자 골목에서 논현초등학교로 이어지는 방향으로 한 블럭 건물 전체가 그 앞 블록보다 높은 곳도 있다. 한 건물의 높이가 평균 15m, 6층으로 그 주변의 다른 건물들보다 크다. 왜 그럴까? 어떻게 이렇게 넓게, 또 높게 지을 수 있었을까? 왜 주변의 다른 건물들은 그렇게 짓지 않았을까?

2018년말 기준 전국의 건물 수는 7,191,912동이다. 면적으로는 37억 5,400만㎡(3.3㎡기준으로 11억 3,560만평)다. 63빌딩 면적(238,429㎡)의 470배다. 이 중 상업용은 전국 8억 1,460만㎡, 서울의 상업용 건축물 면적은 1억 7,243만㎡이며 동수는 126,950개다. 즉 2018년 기준으로 서울에 약 13만개의 상업용 건물이 있는 것이다(국토교통부, 2018년 건축물 현황 통계).

서울에 있는 약 13만개의 빌딩 중 1983년 이전에 지어진 것이 43,683개이며 1993년부터 1998년까지 지어진 것은 약 1만개다. 현재 남아있는 건물 중 각각의 건물들이 어느 시기에 지어졌는지를 파악해 보는 것이 매우 중요하다. 어느 시기에 건축허가를 받고 지어졌는지에 따라 땅 크기에 대한 건물 크기의 비율(연면적)이 다르기 때문이다.

서울의 13만개 빌딩은 제각각 층수와 크기가 다르다. 땅의 크기가 다를 뿐 아니라 같은 크기의 땅이라도 용도지역별로 지을 수 있는 건물의 크기가 정해져 있기 때문이다. 지을 수 있는 건물의 크기는 「국토의 계획 및 이용에 관한 법률」에 의해 정해진다. 대지면적에 대한 건물 바닥면적의 최대 크기를 건폐율이라 하고 각 층 바닥면적의 합을 용적률이라 한다. 이 법률에서는 각 용도지역에 따라 지을 수 있는 건물의 허용한도를 정하고 지자체의 조례를 통해 허용한도 내에서 세부적인 기준을 정하도록 하고 있다.

용적률의 경우 서울시는 1983년 건축조례에서 풍치 · 미관 · 공지 · 아파트지구 내에서 각 건물의 용도별로 용적률을 정하다가 1993년 4월 10일 전부개정 · 시행된 조례를 통해 오늘날과 같이 용도지역별로 용적률을 세분화했다. 제1종 일반주거지역 200%, 2종 일반주거지역 300%, 3종 일반주거지역 400%, 준주거지역 600%, 중심상업지역 1,200%였다. 이후 2000년 7월 15일 조례 개정으로 용적률이 대폭 낮아졌다. 제1종 일반주거지역 150%, 2종 일반주거지역 200%, 3종 일반주거지역 250%로 줄어든 것이다. 따라서 그 이후에 인허가를 받은 경우 용도지역이 같은 경우 그 앞전보다 건물이 작아질 수밖에 없게 된 것이다.

명동의 경우 1983년 이전에 지어졌다. 건폐율과 용적률에 대한 제도가 정비되기 전에 지어진 것이다. 그래서 거의 빈 공간 없이 대지 전체에 건물을 지은 것이다. 만약 지금 다시 짓는다면 최대 60% 건폐율로 40.08㎡ 밖에 짓지 못한다. 1개층 바닥이 약 25㎡나 작아져야 한다. 이를 가격으로 환산하면 해당 지역 시세를 ㎡당 약 2억 원이라 할 때 83억 원의 차이가 생긴다(바닥면적 25㎡를 짓기 위해서 필요한 대지 41.6㎡의 가격).

논현동의 경우 위의 해당 건물들은 1993년부터 2000년 사이에 인허가를 받고 지어졌다. 이 중 한 채는 1996년 1월 13일에 인허가를 받았다. 같은 해 3월에 착공했으며 준공은 1997년 11월이었다. 이 건물의 용적률은 약 284%였으나, 만약 지금 다시 짓는다면 최대 200%로 제한된다. 건물면적으로 환산하면 현재상태보다 약 257㎡만큼 작아져야 한다. 현재 6층인 건물들이 4.5층 이하로 낮아지는 것이다.

결국 어떤 땅에 건물을 얼마나 지을 수 있는지에 따라 땅의 가치가 결정된다. 그런데 이는 규제(법률)에 의해 정해진다. 그리고 이 규제는 시기에 따라 다르게 적용되었다. 이로 인해 특정시기에 지어진 건물의 경우 주변의 다른 건물들보다 좋은 조건을 가진 경우가 생겼다. 빌딩을 볼 때는 건물의 외부와 내부 등 육안으로 상태를 확인하는 것도 중요하지만 근저에 있는 법률적 바탕까지 살펴보아야 현상을 정확히 이해할 수 있다. 이제부터는 어떤 지역이나 건물을 볼 때 항상 이와 같은 의문을 가지고 그 원인을 찾는 습관을 갖자. 이를 통해 부동산 시장을 읽는 눈과 실력을 기를 수 있을 것이다.

5 일조권 사선제한

    건물의 외관은 디자인적 요소나 외벽 마감재 등에 의해 달라진다. 그런데 도시지역에서는 이런 디자인적 요소만으로는 설명하기 힘든 부자연스러운 형태의 건물을 자주 볼 수 있다. 건물의 상층부가 주변의 건물들과 달리 사선으로 되어 있는 경우가 그것이다. 반듯하게 짓는 것이 더 보기 좋을 텐데 왜 저렇게 지었을까?

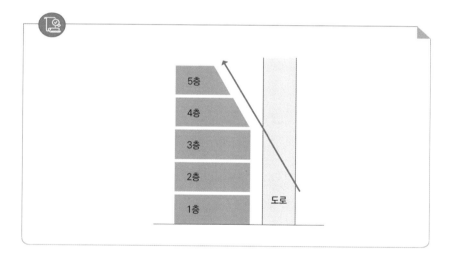

    위와 같은 모양으로 건물이 지어진 것은 바로 법률의 규정 때문이다. 부동산은 항상 법률의 영향을 받는다. 심지어 건물의 모양까지 법률에 따라 달라지기도 한다. 도시지역은 더욱 그렇다.

지금은 폐지되었지만, 과거에는 도로사선제한이라는 규제가 있었다. 도로사선제한은 건물 각 부분의 높이가 도로의 반대쪽 경계선 수평거리의 1.5배를 초과할 수 없도록 한 것이다. 따라서 도로의 너비와 대지의 크기, 용적률에 따라 건물이 상층부로 올라갈수록 높이가 줄어들게 된다. 즉 사선으로 비스듬히 지을 수밖에 없게 된 것이다. 이로 인해 건물의 외관이 기형적으로 지어지는 등 도시의 미관을 오히려 손상시키고 건물의 외관디자인이 경직되는 문제가 있었다. 결국 도로사선제한이 폐지되는 대신 가로구역별 최고 높이 제한지역이 생겼다. 가로(도로로 둘러싸인 일단의 지역)를 중심으로 건물 높이의 기준을 정한 것이다(「건축법」 제60조 제2항).

도로사선제한 폐지 이후 최근 신축되는 건물들도 비스듬히 지어지는 경우가 종종 있다. 일조권 사선제한이라는 규제가 여전히 남아 있기 때문이다. 일조권 사선제한은 인접 건물의 일조권, 즉 햇볕을 이용할 수 있는 권리를 보장하기 위한 것으로서 건물의 각 부분을 정북 방향 인접 대지경계선으로부터 일정 거리 이상을 띄워 건축해야 한다는 것이다. 지자체별로 일조권에 대한 제한이 조금씩 다르다. 서울의 경우 높이 9m 이하는 정북방향 인접대지 경계선으로부터 1.5m를 띄워야 한다. 높이 9m를 초과하는 부분은 인접대지경계선으로부터 해당 건물의 각 부분 높이의 1/2 이상을 띄워야 한다. 따라서 방향이 중요하다. 일조권 사선제한은 건물의 북쪽 방향에 있는 인접 건물의 일조권을 보호하기 위한 것이기 때문이다. 결과적으로 도로를 북쪽으로 두고 있는 건물이라면 인접대지와의 사이에 도로의 폭만큼 사선제한을 적게 받을 수 있는 이점이 생기기도 한다.

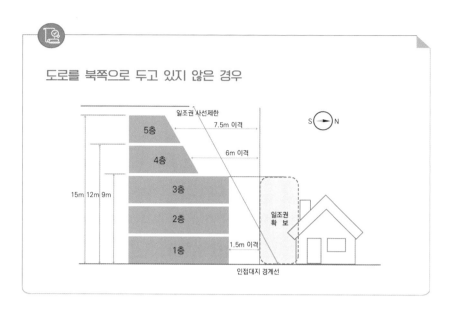

도로를 북쪽으로 두고 있지 않은 경우

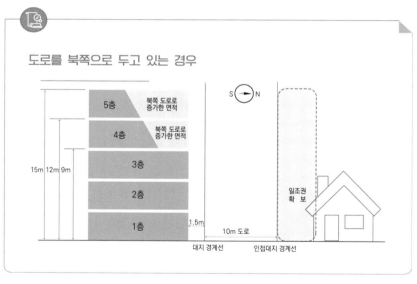

도로를 북쪽으로 두고 있는 경우

한편 일조권 사선제한에도 불구하고 어떤 건물은 사선으로 지어지지 않고 바른 모양을 띠고 있을 수 있다. 일조권 사선제한은 전용주거지역과 일반주거지역 두 곳에서만 적용된다. 따라서 상업지역 등에서는 일조권 사선제한을 받지 않는다. 그리고 서울시의 경우 「전통시장 및 상점가 육성을 위한 특별법」에 따른 시장상가건물과 다세대주택은 이러한 규제가 다소 완화되어 있다.

투자를 하고자 할 때는 이 두 가지가 적용되는 건물인지를 면밀히 살펴볼 필요가 있다. 도로사선제한이 있을 당시에 지어진 비스듬한 건물은 사선으로 인해 건물의 활용이나 용적률의 손해가 있는 건물이다. 다만 이러한 제한은 지금은 없어졌으므로 향후 대수선을 하거나 다시 지을 때는 문제가 없다. 따라서 충분히 낡은 상태라면 크게 고려하지 않아도 된다. 반면 일조권 사선제한은 지금도 적용되고 있는 규제다. 따라서 이미 일조권 사선제한을 받아 지었다면 가격에도 반영되어 있기 마련이다. 반대로 건물이 낡아 있는 상태에서 현재는 사선으로 지어져 있지 않지만 향후 대수선이나 재건축시 일조권 사선제한을 받는 건물일 경우 투자자는 이를 고려해야 한다. 일반적으로 도로를 남쪽으로 끼고 있는 일반주거지역의 노후화된 건물의 경우 특히 유심히 살펴야 한다.

*

6 강남 한복판에서 당나귀를 키울 수 있을까?

"강남 한복판에서 당나귀를 키울 수 있나요?" 뜬금없어 보이는 이 질문은 알고 보면 부동산에 대한 공부와 관련된 것이다. 강남 한복판에서 당나귀를 키울 수 있을까? 2017년 3월 27일 KBS뉴스에 "가로수길 질주한 신사동 당나귀…. 20분만에 붙잡혀"라는 기사가 떴다. 신사동의 한 식당에서 애완용으로 기르는 당나귀 3마리가 탈출했다가 112신고를 받고 출동한 경찰에 20분만에 붙잡혀서 주인에게 인계되었다. 같은 연도에 한 방송에서는 노홍철씨가 키우는 반려 당나귀 홍키에 대한 이야기가 화제가 되기도 했다. 이 당나귀는 이태원 해방촌에 있는 노홍철씨의 책방에 있다.

그러면 서울과 같은 대도시 안 주택가나 상업지역에서 당나귀와 같은 가축을 기르는 것은 가능한 일일까? 반대로 도시가 아닌 농어촌 지역에서는 어떨까? 어떤 땅이든 축사를 짓거나 동물을 기를 수 있을까?

아래는 충남 서산시에 있는 한 토지의 토지이용계획확인원이다. 하단에 "가축사육제한구역(200m 일부 제한: 모든 축종 불가)〈가축 분뇨의 관리 및 이용에 관한 법률〉"이라고 표시된 부분이 보인다.

토지	지목	임야	면적		64254㎡	개별공시지가	2022/01/01 →	원 / ㎡
	건물명칭							
	주용도							
건축물	대지면적	㎡	면면적	㎡		건축물수		0 동
	건축면적	㎡	건폐율	%		용적률		%
	특이사항							
토지이용계획	생산관리지역 가축사육제한구역(200m 일부제한:모든 축종 불가)(가축분뇨의 관리 및 이용에 관한 법률), 비행안전제3구역(전술)(해발고도 100미터이하위임)(군사기지 및 군사시설 보호법), 군보전산지(산지관리법)							

원칙적으로 도시든 지방 농어촌지역이든 가축을 키울 수 있는 자유가 있다. 다만 「가축분뇨의 관리 및 이용에 관한 법률」 및 해당 지자체 조례가 정하는 바에 따라 지역주민의 생활환경보호나 상수원 수질 보전을 위해 가축사육의 제한이 필요하다고 인정되는 경우에는 시장·군수·구청장이 제한지역을 정할 수 있다. 구체적으로 ① 주거밀집 지역으로 생활환경의 보호가 필요한 지역 ②「수도법」에 따른 상수원 보호 구역, 「환경정책기본법」에 따른 특별대책지역 및 그밖에 수질환경 보전이 필요한 지역 ③「한강, 낙동강 금강, 영산강·섬진강수계 상수원 수질개선 물관리 및 주민지원 등에 관한 법률」에 따른 수변구역 ④「환경정책기본법」에 따른 지역 ⑤ 환경부장관 또는 시·도시사가 지정 고시하도록 요청한 지역에 대해 가축사용제한지역을 설정할 수 있다.

시장·군수·구청장은 가축사육제한구역에서 가축을 사육하는 자에 대해 축사의 이전, 그밖에 위해의 제거 등 필요한 조치를 명할 수 있다. 조례에 따라 다르지만 통상 전부제한지역 또는 일부제한지역 등으로 나뉜다. 필지에 따라서는 이 두 가지가 모두 적용되는 경우도 있다. 결국 농어촌지역이라 하더라도 조례가 정하는 바에 따라 가축 사육이 제한될 수 있다. 특히 인가가 인접한 지역이나 수질보전이 필요한 지역의 경우 일정규모 이상의 가축사육이 제한된다. 반대로 서울과 같은 도시지역이라도 법령이나 조례로 금지되지 않았다면 가축을 사육할 수 있다. 아래 토지는 서울 영등포역 인근 대로변에 위치한 토지의 토지이용계획확인원이다. 가축사육제한구역으로 표시된 것을 확인할 수 있다. 다만 애완 및 방범용 가축은 예외로 허용하고 있다. 그리고 조례가 정하고 있는 규모 이하이거나 축종(예를 들어 소나 당나귀)에 따라서는 일부 제한지역에서도 가능하다.

토지	지목	대	면적	122㎡	개별공시지가	2022/01/01 ─	원 / ㎡
	건물명칭						
	주용도						
건축물	대지면적	㎡	연면적	㎡	건축물수		0 동
	건축면적		건폐율	%	용적률		%
	허가사항						
토지이용계획	도시지역, 일반상업지역, 제1종지구단위계획구역(영등포지상권:도심관·도시계획과문의) 가축사육제한구역(예외 : 애완 및 방범용 가축:지역경제과 문의)(가축분뇨의 관리 및 이용에 관한 법률〉 가로구역별 최고높이 제한지역(세부사항은 건축과 확인)요)〈건축법〉 대공방어협조구역(위탁고도:해발165m)(지반+건축+옥탑 등) 육군 수도방위사령부(02-524-3146)관할)〈군사기지 및 군사시설 보호법〉 과밀억제권역(세부사항 : 서울시청 도시계획과 문의)〈수도권정비계획법〉 건축선(건축과 문의)							

다만 가축사육제한은 지자체별로 축종이나 축종별 이격 거리 등에 대해 다르게 규제하고 있고 지자체별로는 해당 조례가 있는 곳도 있고 없는 곳도 있다. 가축사육제한구역이 토지 투자에 있어서는 중요한 고려 요소 중에 하나가 될 수 있다. 일반적으로 어떤 토지에 가축사육 제한구역이 설정되어 있다면 제한이 없는 것보다 좋다. 해당 토지 주변에 향후 소나 돼지 등 축사가 들어오기 어렵기 때문에 주변환경이 쾌적할 수 있다. 다만 해당 제한은 기존에 설치된 축사에 대해서는

강제성이 없다. 새로 설치되는 것에 대한 규제일 뿐이다. 현재 해당 토지 주변이 가축사육제한구역이라도 인근에 이미 형성된 축사가 있는 경우엔 인위적으로 축사를 제한할 수 없다. 부동산 구입 전에 현장 탐방이 반드시 필요한 이유가 여기에 있다. 그러니 부동산 공부는 무심코 지나칠 수 있는 한 줄의 내용도 자세히 공부해야 한다는 사실을 명심하자.

7 서초동 상업지역에 끼인 제3종 일반주거지역

1995년 6월 29일, 삼풍백화점의 붕괴는 모든 국민들에게 큰 충격을 준 사건이었다. 당시 매출액 기준으로 업계 1위인 초호화 백화점이 한순간에 무너져 내렸고, 많은 사람들이 가족을 잃었다. 건축 당시 상가로 설계되었으나 백화점으로 변경되어 완공된 지 약 6년 만에 무너져 내린 것이다. 적합하지 않은 설계의 변경과 무리한 확장공사가 붕괴의 원인이었다는 것이 그 후의 수사로 밝혀졌다. 1994년 성수대교 붕괴사건과 함께 압축 성장에 의한 대표적인 비극이자 강남개발의 불행한 그림자이기도 했다.

이후 삼풍백화점이 있던 땅은 공개입찰로 매각되었다. 낙찰 기업의 자금사정으로 소유권 이전이 지연되었으나 1999년 대금이 완납되었으며 이후 대림산업의 시공으로 2004년 6월 준공되었다. 주상복합 아파트 서초아크로비스타가 바로 그 단지다. 최고 37층의 3개동 757가구로 이뤄진 단지로 공급면적 기준으로 가장 작은 것이 128.37㎡다. 가장 큰 면적은 305㎡로 모두 대형평형으로 구성되었다. 매매거래가 많지 않은 곳이어서 가격 파악이 어려우나 최근 거래(2021년 10월) 기준으로 최고가는 35억 원이다. 주상복합으로 이미 높은 용적률(712%)이어서 노후시 재건축이 어렵다는 단점이 있는 반면 법원, 검찰청, 각급 학교와 교통이 편리한 곳으로 높은 시세를 형성하고 있다.

삼풍백화점 땅의 원래 용도지역은 제3종 일반주거지역이다. 백화점 붕괴 후 해당 토지는 일반상업지역으로 용도지역이 변경되었다. 이른바 종상향된 것이다. 서울의 경우 3종 일반주거지역의 최대 건폐율은 50%이고 최대용적률은 250%다. 이에 비해 일반상업지역은 최대 건폐율이 60%이고 최대용적률은 800%다. 용도지역 변경으로 해당 토지에 주상복합 아크로비스타가 들어섰다.

그런데 서초중앙로 방향에서 아크로비스타의 대지인 서초동 1685번지를 지적도로 보면 단지 중간에 토끼 앞니처럼 2개의 필지가 있다. 서초동 1685-4번지와 1685-10번지다. 지적도에서 일반상업지역은 붉은색으로 표시되고 3종 일반주거지역은 노란색으로 표시되어 확연히 구분된다(편의상 아래 지도에서는 붉은색은 파란음영, 노란색은 회색 음영으로 표시함). 삼풍백화점 붕괴 후 해당 토지는 상향이 되었으나 2필지는 기존 용도지역대로 그대로 남게 된 것이다.

| 붉은색 | 노란색 | ※ 실제 색상은 지적도 검색시 확인 가능 |

　용도지역에 따라 지을 수 있는 건물의 크기가 정해지기 때문에 땅의 가치도 서로 달라지게 된 것이다. 물론 하나는 현재 주거용지로 쓰고 있고 나머지는 업무 및 근린생활시설의 토지이므로 단순히 비교할 수는 없다. 또한 용도지역은 달라졌지만 남은 2필지도 서초중앙로에 넓게 접해있으므로 그 가치는 꼭 용도지역에 의해서만 결정되는 것도 아니다. 어쨌든 무심코 길을 가다 마주치는 곳에서도 그 속에 이런 상황이 있을 수 있다는 사실을 알아챌 수 있다면 좋겠다. 이런 호기심을 가지는 것만으로도 부동산에 대한 공부의 시작이 될 수 있기 때문이다.

8 법을 모르면 땅도 제대로 고를 수 없다
(건축선 후퇴와 대지면적)

단독주택은 1세대가 하나의 건축물 안에서 독립된 주거생활을 하는 주택을 말한다. 최근 아파트 가격이 상승하면서 도심 내에서 아파트가 아닌 대안주택으로 단독주택인 협소주택에 관심을 갖는 사람들이 늘고 있다. 협소주택에서 가장 중요한 것은 땅이다. 즉 주택을 지을 수 있는 대지를 찾는 것이 가장 중요하다.

대개 땅을 고를 때는 교통이나 환경 등 입지와 땅의 모양 등에만 신경을 쓰는 경우가 많다. 실제로는 법을 알아야 제대로 땅을 고를 수 있다. 대지의 면적이란 토지대장 등 지적공부에 등록한 필지의 수평면상의 넓이를 말한다(「공간 정보의 구축 및 관리 등에 관한 법률」 제2조). 한편 「건축법」상 대지의 면적 역시 수평투영면적(90° 상공에서 바라본 면적)으로 한다. 다만 대지에 건축선이 정해진 경우나 도시 · 군 계획 시설인 도로 · 공원 등이 있는 경우 해당 면적은 대지의 면적에서 제외한다(「건축법」 제46조 제1항, 동법 시행령 제119조 제1항 참조). 이를 건축선 후퇴라 한다.

그러면 어떤 경우에 건축선 후퇴가 생길까? 도로 기준의 폭이 4m인 곳이 있다고 해보자. 그런데 해당 도로의 폭이 4m 미만이라면 연면적 2,000㎡ 미만 건물의 경우 최소한 4m의 도로 넓이를 확보해야 한다. 따라서 도로 중심선에서부터 양쪽 2m를 기준으로 건축선이 정해진다

(「건축법」 제46조 참조). 이때 중심선으로부터 도로의 폭이 2m가 안되면 해당 대지 안쪽으로 건축선이 후퇴된다. 게다가 대지를 기준으로 도로 반대편에 경사지나 하천, 공원 등이 있다면 경사지 등의 경계선으로부터 4m의 도로를 확보해야 하므로 내 땅의 건축선은 더욱 후퇴한다. 하천 쪽으로는 도로를 낼 수 없기 때문이다.

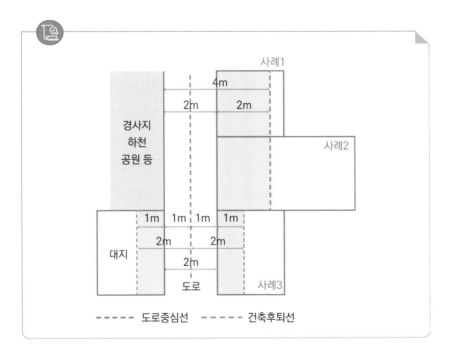

도로로 인해 건축선이 후퇴하는 경우 건축선 안으로 포함된 대지에는 건물을 지을 수 없다. 게다가 후퇴한 면적만큼 건폐율과 용적률 계산에서도 제외된다. 건폐율이란 건물의 수평투영면적과 대지 면적의 비율이다. 그리고 용적률이란 건물의 지상 각층의 면적 합계와 대지 면적의 비율이다. 따라서 건축선 후퇴로 인해 기준이 되는 대지의 면적이 줄어들면 건축면적(건폐율)도 줄어들고 건물의 총면적(용적률)도 줄어든다. 가령 대지와 도로가 접한 길이가 10m고 후퇴한 길이가 2m라면 대지면적이 20㎡ 줄어든다. 이때 2종 일반주거지역으로 건폐율이 60%, 용적률이 200%라면 건축면적이 12㎡ 줄어들고 총면적이 40㎡ 줄어든다. 그런데 위 그림에서처럼 4m 미만 도로의 경우 도로의 폭과 도로의 반대편 상황, 대지의 모양에 따라 건축선 후퇴로 인해 받는 영향은 다를 수 있다. 예를 들어 사례 1의 대지라면 도로 확보를 위해 건축선이 후퇴되면 대지의 남은 부분이 매우 협소해져서 건축이 불가능한 경우도 생길 수 있다. 사례 2의 대지라면 역시 건축선 후퇴로 손해는 발생할 수 있지만 남은 필지가 여전히 커서 건축 자체는 가능할 수도 있다. 그리고 사례 3의 경우처럼 도로 반대편이 경사지, 하천, 공원 등이 아니라 대지인 경우라면 서로 반반씩 나눠서 후퇴한다. 즉 도로 반대편 경계부터 4m 확보가 아니라 도로 중심선에서 4m를 확보하면 된다.

한편 건축시 기준이 되는 도로 폭의 기준은 원칙적으로 4m이지만 도로의 끝이 막혀있는 경우 막다른 도로의 길이가 10m 미만이라면 확보해야 하는 도로의 너비는 2m 이상이다. 막다른 도로의 길이가 10m 이상 35m 미만이라면 필요한 도로의 너비는 3m이며, 35m 이상인 경우엔 6m다. 단 도시지역이 아닌 읍·면이라면 4m가 도로의 기준이다. 그리고 서울시의 경우 리모델링 활성화구역으로 지정된 곳은 건축선과 건폐율 등이 완화되어 적용된다. 그리고 최근엔 완화의 폭을 일률적으로 30%로 제한하던 규정도 없어졌다. 2021년 5월 현재 활성화구역은 38개가 지정되어 있다.

지목	대 ❓			면적	720.3 ㎡

| 개별공시지가(㎡당) | 24,940,000원 (2021/01) 연도별보기 | | | | |

지역지구등 지정여부	「국토의 계획 및 이용에 관한 법률」에 따른 지역·지구등	도시지역 , 일반상업지역 , 제3종일반주거지역 , 도로(접합)
	다른 법령 등에 따른 지역·지구등	가로구역별 최고높이 제한지역<건축법>, 상대보호구역<교육환경 보호에 관한 법률>, 상대보호구역(토지전산망의 내용은 참고사항일뿐 교육청에 반드시 확인요망)<교육환경 보호에 관한 법률>, 대공방어협조구역(위탁고도:77-257m)<군사기지 및 군사시설 보호법>, 건축선<서울특별시 도시계획 조례>, 과밀억제권역<수도권정비계획법>

「토지이용규제 기본법 시행령」 제9조 제4항 각 호에 해당되는 사항	<추가기재> 건축선지정(도로경계선에서 3미터후퇴) 가로구역별 건축물 최고높이 지정 구역임

반면에 도로 폭의 확보를 위한 건축선 후퇴와 달리 도시계획상의 건축한계선으로 지정된 건축선 후퇴의 경우에는 건폐율과 용적률 계산에서는 제외되지 않는다. 위의 그림에서 보듯이 토지이용계획 확인원에 "건축선 지정(도로 경계선에서 3미터 후퇴)"로 표시되어 있다 (파란색 박스 안). 그 아래 지적도에 파란색 화살표로 표시된 건축선이 그것이다.

건축선 후퇴와 비슷한 함정이 또 하나 있다. 이른바 가각정비 (가각전제)라는 것이다. 차량의 시야를 확보하고 차선의 흐름을 원활히 하기 위해 도로의 꼭지점으로부터 일정한 길이만큼을 제외한다는 뜻이다. 폭 8m 미만인 도로가 교차하는 경우 그 교차점에서 정해진

길이만큼 뒤로 후퇴하는 두 점을 연결하여 그 바깥쪽으로는 건축을 할 수 없다. 이때 후퇴하는 거리는 도로의 교차 각도와 도로의 너비에 따라 다르다(「건축법 시행령」 제31조 참조). 어쨌든 가각정비로 인해 대지의 면적이 줄어드는 경우에도 마찬가지로 지을 수 있는 건물의 건축면적과 총면적이 감소된다.

흔히 부동산을 볼 때 가장 중요한 것은 입지라고 한다. 맞는 말이다. 하지만 여기서 말하는 입지는 단지 상권이 얼마나 발달되어 있는지, 그 상권 내에서 위치가 어떤지만을 의미하는 것은 아니다. 단순히 눈에 보이는 유동인구를 파악하는 것만으로는 부족하다는 말이다. 정말 제대로 물건(땅)을 고르기 위해서는 법을 공부해야 하고 법을 알아야 한다.

9 알아야 산다! 「부동산소유권 이전등기 등에 관한 특별조치법」

2020년 1월 9일 부동산 관련법 하나가 국회 본회의를 통과했다. 「부동산소유권 이전등기 등에 관한 특별조치법」(약칭 「부동산등기특별조치법」)이다. 한 해에도 수많은 법이 만들어지고 변경된다. 국민들이 새로 만들어지는 모든 법을 일일이 모두 파악하기는 어렵다. 하지만 부동산에 관심이 있는 사람이라면 적어도 부동산에 관련된 법령은 어떤 내용인지 살펴보고 넘어갈 필요가 있다.

8·15 해방과 6·25 사변 등 현대사의 곡절로 인해 부동산 소유 관계의 서류가 멸실되거나 권리관계를 증언해줄 사람들이 사망, 소재 불명되어 부동산의 사실상 권리관계와 등기부상 권리가 일치하지 않는 경우가 많다. 이에 재산권 행사를 하지 못한 사람들을 위해 1978년, 1993년, 2006년 세 번에 걸쳐 「부동산등기특별조치법」이 시행되었다. 하지만 이에 불구하고 아직 부동산등기가 완비되지 못했고 이에 간편한 절차를 통해 등기할 수 있도록 한 것이다.

이 법은 2020년 7월 1일부터 시행되었고, 시행일 기준 토지대상 또는 임야대장에 등록되어 있는 토지와 건축물대장에 있는 건물을 대상으로 한다. 적용대상은 읍·면 지역 모든 토지와 건물, 특별자치시 및 인구 50만 명 미만의 시는 모든 농지 및 임야, 광역시 및 인구 50만 명 이상 시는 1988. 1. 1. 이후 직할시·광역시·해당 시로 편입된 지역의 농지 및 임야이다. 즉 서울시와 광역시 등의 경우 광역시 설치 당시의 지역과 대지 등은 대상이 아니다. 수복지역도 역시 대상이 아니다. 수복지역이란 6·25 전쟁 당시 탈환된 양구군 해안면 지역 등으로 북위 38 이북의 북한 접경지역을 말한다.

이 법에 의해 등기조치를 받을 수 있는 경우는 1995. 6. 30. 이전에 매매·증여·교환 등 법률행위로 양수, 수증, 상속받은 부동산과 소유권보존등기가 되어 있지 않은 부동산이다. 신청서와 함께 변호사 또는 법무사 1인을 포함하여 관청에서 위촉한 5인 이상의 보증서를 소관청(특별자치시장 · 특별자치도지사 · 시장 · 군수 · 구청장)에 제출해야 한다.

「부동산등기특별조치법」은 당사자에게 등기의 미비를 회복할 기회를 주는 것이므로 일종의 법적 혜택이다. 다만 그 근거는 계약과 같은 법률행위가 있을 것을 전제로 한다. 따라서 허위로 이 법을 악용하여 신청한 경우에는 1년 이상 10년 이하의 징역 또는 1천만 원 이상 1억 원 이하의 벌금을 부과한다. 이 규정은 병과규정이다. 즉 두 가지가 같이 부과될 수도 있다.

이 법은 시행일로부터 2년간 효력을 가진다. 절차상 관청의 위촉을 받은 5인 이상의 보증서를 첨부해야 하고 이해관계자 통지, 현장조사, 공고 등을 거쳐야 한다. 절차에 상당 기간이 소요될 수밖에 없다. 따라서 이 법에 의해 등기조치를 하려면 미리 준비해야 기간을 놓치지 않고 여유 있게 할 수 있다. 등기의 신청까지 기간 내에 완료되어야 하기 때문이다. 다만 관청에 확인서 발급을 신청한 상태라면 유효기간 2년 경과 후 6개월까지는 등기 신청이 가능하다.

"법은 권리 위에 잠자는 자를 보호하지 않는다." 독일의 법철학자 루돌프 폰 예링의 말이다. 국민의 권리를 보호하기 위해 만들어진 법도 이를 제때에 이해하고 요구할 수 있어야 의미가 있다. 자신이 가진 권리를 적극적으로 주장해야 법의 보호도 받을 수 있다는 점을 명심하자.

10 지하층은 용적률의 제한을 받지 않는다

    대지 위에 건물을 지을 때는 건폐율과 용적률의 제한을 받는다. 「국토의 계획 및 이용에 관한 법률」에 의해 용도지역이 정해지는데, 용도지역에 따라 지을 수 있는 건물의 규모가 달라진다. 특히 용적률에 따라 건물 전체의 크기가 달라지게 된다. 용적률은 대지면적에 대한 건축물 각 층 면적을 합계한 연면적의 비율이다. 예를 들어 서울의 경우 3종 일반주거지역의 용적률은 250%이다. 대지가 330㎡인 경우 건물 전체의 연면적은 825㎡ 지을 수 있다. 그런데 용적률을 계산할 때는 지상층의 면적만을 기준으로 한다. 즉 지하층의 면적은 용적률 산정을 위한 면적에 포함되지 않는다.

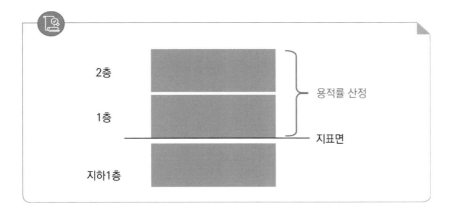

아래의 건축물대장을 보자. 마포구 서교동에 있는 이 건물은 대지 158.75㎡이며, 연면적 296.64㎡다. 여기에는 지하1층 23.64㎡의 면적이 포함되어 있다. 지하층을 제외한 연면적은 273㎡으로, 용적률 산정용 연면적이라는 칸으로 아래 건축물대장에 표시된다. 즉 건물의 실제 연면적은 지하층을 포함하여 296.64㎡이지만 용적률을 산정할 때는 지하층의 면적 23.64㎡가 제외되는 것이다.

대지면적	158.75㎡	연면적	296.64㎡	명칭 및 번호	
건축면적	79.04㎡	용적률 산정용 연면적	273㎡	건축층수	동
건폐율	49.79%	용적률	171.97%	총호수	0세대 0호/0가구
주용도	근린생활시설	주구조		부속건축물	0동 0㎡
허가일자	1992-07-22	착공일자	1992-09-00	사용승인일자	1993-07-15
위반건축물	해당없음	특이사항			
0㎡					

● 용도

용도지역	용도지구	구역
일반주거지역(일반주거지역)		

● 층별현황

구분	층별	구조	용도	면적(㎡)
지하	지1층	철근콘크리트조	소매점	23.64
지상	1층	철근콘크리트조	소매점	69.88
지상	2층	철근콘크리트조	사무실	79.04
지상	3층	철근콘크리트조	사무실	79.04
지상	4층	철근콘크리트조	사무실	45.04

결국 지하층의 면적은 용적률에 포함되지 않기 때문에 임대면적 증가라는 측면에서 이득을 볼 수 있다. 그러나 지하층에 대한 공사는 지상층에 비해 비용이 더 많이 발생한다. 따라서 무작정 많이 판다고 좋은 것은 아니다. 게다가 지하층의 임대가격은 통상 지상층에 비해 50~60% 수준으로 낮다. 즉 비용이 많이 들어가는 것에 비해 실익이 적다. 어쨌든 이론적으로 지하는 물리적으로 가능한 범위 내에서 얼마든지 아래로 파서 건물을 지을 수 있다.

위의 건물을 보자. 영등포구청역 이면에 있는 이 건물은 매우 특이한 건물 중에 하나다. 겉으로 보기엔 인근에 있는 다른 건물과 크게 다르지 않다. 이 지역은 지구단위계획에 의해 용적률이 250%인 곳이다. 대지가 60평이니까 위로 150평까지 지을 수 있다.

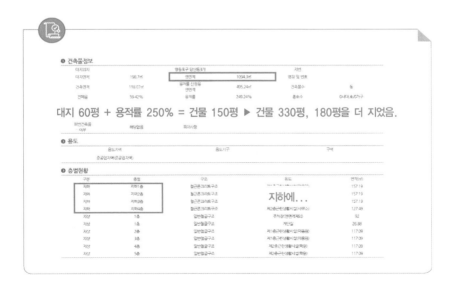

그런데 이 건물의 연면적, 즉 건물 면적을 보면 1,094㎡, 약 330평인 것을 볼 수 있다. 건물을 180평 정도 더 지은 것인데, 용적률 제한이 있으니 위로는 더 지을 수 없다. 아래를 보면 지하를 4층까지 판 것을 알 수 있다. 지하는 용적률의 제한을 받지 않기 때문이다. 물론 지하를 깊게 팔수록 건축비가 많이 들기 때문에 통상은 이렇게 하진 않는다. 어쨌든 지하는 용적률의 제한을 받지 않고 지을 수 있다는 점을 알 수 있다.

부동산 투자 그렇게 하는 거 아니야

Chapter 3

세상 모든 일이 다 부동산 투자 공부

1. 내 땅인 듯 내 땅 같은 내 땅 아닌 땅(접도구역)

2. 건물 전광판도 결국 부동산 공부인 이유
(전광판 설치제한)

3. 캠핑 열풍과 차박 또한 부동산 공부인 이유(취사 제한)

4. 코로나19 클럽발 확진자 증가와 부동산 공부
(유흥주점이 있는 건물의 세금과 감성주점)

5. 날씨와 상권의 변화
(그 많던 로드 숍 옷가게는 어디로 갔을까?)

6. 코로나19 팬데믹 이후 대한민국 상권의 변화

7. 맹꽁이 서식지는 개발제한구역이 아니어도 개발이
제한된다(비오톱 1등급 토지)

8. 전봇대를 옮길 수 있을까?

9. 내 건물 간판은 마음대로 달 수 있을까?

1 내 땅인 듯 내 땅 같은 내 땅 아닌 땅
(접도구역)

국민의 재산권은 헌법에 의해 보장된다. 따라서 내 땅을 내 맘대로 할 수 있는 것이 원칙이다. 다만 공익 등을 위하여 재산권이 제한되는 경우가 있다. 접도구역에 포함된 대지의 경우가 그런 경우다. 접도구역이란 도로 구조의 파손 방지와 미관의 훼손 또는 교통에 대한 위험방지를 위하여 도로경계선에서 20m 이내(고속국도는 50m)의 범위로 지정되는 구역을 말한다(「도로법」 제40조, 동법 시행령 제39조 참조).

구체적으로 접도구역은 도로의 경계선에서 양쪽으로 각각 고속국도는 10m, 일반국도와 지방도는 5m로 지정된다(「접도구역 관리지침」 참조). 접도구역으로 지정된 곳에서는 토지의 형질을 변경하거나 건축물을 신축하는 행위가 허용되지 않는다. 뿐만 아니라 화장실을 설치하거나 운전자의 시야를 방해하는 기타의 행위도 제한된다. 다만 「국토의 계획 및 이용에 관한 법률」상 도시지역에서는 이 법에 의한 접도구역이 지정되지 않는다. 결국 접도구역의 문제는 도시지역이 아닌 곳, 즉 비도시지역의 땅에서 발생한다. 따라서 이런 곳에서 땅을 살 때 고려할 요소가 된다. 또한 최근에는 지역에 따라 국도에서 군도로 관리가 이관된 경우 접도구역의 해제를 추진하는 곳도 있다.

접도구역과 비슷한 것 중 도로로 인한 건축선 후퇴가 있다. 도로로 인해 건축선이 후퇴되면 해당 구간에는 접도구역과 마찬가지로 건축 등 행위가 제한된다. 그런데 이 두 가지는 서로 구분되는 점이 있다. 건축선 후퇴의 경우 후퇴된 면적 부분은 남은 대지의 건폐율과 용적률을 계산할 때 대지의 면적에서 제외된다(한편 도로로 인한 건축선 후퇴와 달리 건축한계선만 정해진 경우 건축선 후퇴의 경우엔 대지의 면적에서 제외되지 않는다. 이에 대해서는 앞의 "8. 법을 모르면 땅도 제대로 고를 수 없다(건축선 후퇴와 대지면적)" 참조). 반면 접도구역으로 지정된 면적은 건축행위는 제한되지만 남은 대지의 건폐율과 용적률을 계산할 때는 제외되지 않는다. 즉 접도구역으로 인한 제한은 건축한계선만 후퇴될 뿐이다. 결국 접도구역보다 건축선 후퇴가 건축에 있어서는 더 부정적인 영향을 미친다.

한편 접도구역의 경우 건폐율과 용적률 계산에서는 손해를 보지 않지만 접도구역을 제외한 대지의 남은 면적이 너무 작거나 또는 폭이 너무 좁아지는 경우엔 마찬가지로 건물 신축에 적합하지 않은 토지가 될 수 있다. 만약 접도구역 지정 대상인 도로에 접한 가로부분이 길고 폭이 좁은 가로 장방형의 토지라면 접도구역 면적을 제외한 나머지 폭이 건물을 짓기 어려울 정도로 좁아질 수도 있기 때문이다. 어쨌든 비도시지역의 도로에 붙은 땅을 살 때도 법을 잘 알아야 투자할 수 있다. 흔히 알듯이 도로에 붙어 있는 땅이 좋다는 상식만으로는 제대로 된 투자를 할 수 없는 것이다.

2 건물 전광판도 결국 부동산 공부인 이유
(전광판 설치제한)

　시내를 다니다 보면 건물에 설치된 LED 또는 스크린 광고판을 종종 보게 된다. 과거에는 주로 내부에 별도의 광원(光源) 없이 칼라 프린트된 스크린 형태로 장기간 설치한 것이 많았는데 최근에는 조명 등으로 빛을 내거나 아예 LED등을 통해 TV와 같은 화상으로 된 광고판도 많아지고 있다. 또한 이전에는 전자제품이나 금융기관 등 회사에 대한 광고가 주류였는데 요즘은 방송사 뉴스에서부터 상품, 서비스, 지역 홍보까지 다양한 홍보물이 이러한 광고판에 게시된다.

　2019년의 국내 전체 광고시장 규모는 약 14조 4,269억 원이며 이 중 옥외광고비는 1조 2,568억 원이다. 옥외광고비의 29%인 3,705억 원이 빌보드 광고비인데 빌보드 광고비는 고속도로 등의 주변에 설치된 지주이용간판과 옥상, 건물 벽면 설치 광고비를 말한다. 조사보고서의 분류상 엔터테인먼트광고비 항목이 있는데 이는 스포츠경기장, 스키장, 골프장 등과 극장, 쇼핑몰 등에 설치된 광고 전체를 말한다. 이 규모 3,012억 원(빌보드 광고의 24%)보다 더 큰 규모가 건물 전광판 광고시장이다(한국방송광고진흥공사 2020 방송통신광고비 조사보고서 참조).

　시장 규모 전체도 크지만 광고판 설치를 고려할 수 있는 건물과 건물 소유자 입장에서도 이는 매우 중요한 수입원이 되기도 한다.

건물 전광판은 주로 대로변 코너 건물이나 도시의 외곽에서 시내로 진입하는 넓은 도로의 좌우측에 위치하여 차량 또는 도보를 통한 이동 시 멀리서 잘 보일 수 있게 하여 광고효과를 극대화하는 형태로 설치된다. 이러한 광고판의 설치는 위치나 크기에 따라 작게는 연 수백만 원에서 수억 원까지 광고판 임대에 따른 수입을 얻을 수 있다.

하지만 돈이 된다고 해서 마음대로 건물 전광판을 설치할 수 있는 것은 아니다. 건물 광고판은 간판 등과 함께 「옥외광고물 등의 관리와 옥외광고산업 진흥에 관한 법률」과 시행령의 적용을 받는다. 또한 각 지자체의 옥외광고물 관리 등 조례에 따른 관리대상이다. 서울시를 비롯한 각 기초지자체별로 해당 조례가 규정되어 있다. 여기서 '옥외광고물'이란 공중에게 항상 또는 일정 기간 계속 노출되어 공중이 자유로이 통행하는 장소에서 볼 수 있는 것을 말한다(「옥외광고물 등의 관리와 옥외광고산업 진흥에 관한 법률」 제2조 제1호 및 동법 시행령 제2조 제1항 참조).

옥외 광고판 중 옥상 간판의 경우 서울시에서는 5층 이상 15층 이하의 건물에만 설치가 가능하다. 광역시에서는 4층 또는 5층 중 해당 시에서 조례로 정하는 층수 이상 15층 이하의 건물에서 가능하고 읍 · 면 지역 외의 시는 4층 이상 15층 이하 건물, 시의 읍 · 면 지역과 군 지역은 3층 이상 15층 이하 건물이 허용대상이다. 다만 16층 이상의 건물에도 자기 건물에 자기의 광고내용을 입체 또는 도료로 표시하는 경우에는 설치가 가능하다. 그러나 이 경우엔 당연히 외부의 광고 수입은 생길 수 없다.

옥상간판의 설치가 가능한 경우에도 그 크기를 자기 마음대로 할 수는 없다. 옥상 간판의 크기는 가장 넓은 면 또는 단면(자른 면)의 최대길이는 30m 이내여야 하고 각 면의 면적 합계는 1,500㎡ 이내여야 한다. 간판의 높이는 15m 이내로 건물 높이의 1/2를 초과할 수 없다. 높이는 해당 건물의 옥상 바닥부터 산정하며 설치 장소가 옥상구조물 위에 있는 경우에는 추가적인 면적의 제한을 더 받는다(『옥외광고물 등의 관리와 옥외광고산업 진흥에 관한 법률』 시행령 제15조 참조). 층수 등에 의한 제한이 있는 이유는 태풍 등 바람 등으로 추락할 위험이 있기 때문이다. 이외에도 전용주거지역, 녹지지역 등 용도구역이나 문화재보호구역 등 다른 법률에 의해서도 설치가 제한될 수 있다.

여기에 광고되는 광고물은 허가나 신고 없이 가능한 광고가 있는가 하면 허가 또는 신고 후 가능한 광고물도 있다. 도시지역에서는 대부분 허가 또는 신고 후 광고가 가능하다. 하지만 광고물의 내용에 따라 광고가 금지되는 경우도 있다. 예를 들어 교통수단의 안전과 이용자의 통행 안전을 해칠 우려가 있는 광고물이나 청소년의 보호와 선도를 방해할 우려가 있는 것, 사행산업의 광고물 등이 그렇다. 설치에 대한 제한뿐 아니라 게시되는 광고물도 일정한 제한을 받을 수 있는 것이다.

조건을 갖춰 설치된 경우에도 끝이 아니다. 지자체장이 실시하는 안전 점검을 받아야 한다. 안전 점검 시에는 설계도면 및 허가사항과 달라진 것은 없는지, 사용자재에 부식과 접합부위에 파손은 없는지와 법규에 대한 위반사항 등을 점검받는다. 그리고 한번 설치가 되었다고 끝난 것도 아니다. 벽면을 이용한 간판과 옥상간판은 표시기간이

3년이다. 설치를 지속하려면 종료일 30일 이전에 연장신청을 해야 하고 이때 다시 안전검사를 받게 된다. 만약 연장 신청 없이 기간이 만료되면 무허가가 되어 과태료 등 행정처분을 받게 된다.

흔히 부동산이라 하면 토지와 건물만을 생각한다. 건물이란 토지에 정착한 공작물 중 지붕과 기둥 또는 벽이 있는 것을 말한다. 그리고 건물에 딸린 시설물도 건물이다. 결국 옥상간판을 포함한 옥외표시물도 부동산의 일부이며 이와 관련된 법령을 알고 공부하는 것도 결국 부동산 공부의 범주에 포함된다. 정말이지 배움에는 끝이 없다.

3 캠핑 열풍과 차박 또한 부동산 공부인 이유
(취사 제한)

주40시간으로 직장인의 여가시간이 이전보다 늘어나고 있는 추세다. 아직은 주40시간을 여유롭게 지키기 어려운 곳이 훨씬 많지만 전반적인 근로시간의 축소는 앞으로도 지속될 것으로 보인다. 여기에 코로나19의 여파로 사람들과 거리를 두고 대면접촉을 최소화하면서도 여가를 즐길 수 있는 방법으로 캠핑문화가 확산되고 있다. 텐트를 가져가 설치하는 것을 넘어 최근에는 차량을 이용한 캠핑, 이른바 차박도 인기를 끌고 있다.

이와 더불어 도시와 가깝고 풍광 좋은 곳에 임야 등 땅을 소유하고 있는 분들은 야영장으로의 개발이나 개발을 할 사람에게 매각하는 기회가 될 수 있다고 기대하는 경우도 당연히 늘고 있다. 게다가 문화체육관광부는 관광진흥개발기금을 통해 야영장업에 대한 대출을 지원하기도 하기 때문에 더욱 그렇다. 야영장업에 대한 대출 지원은 야영장 허가를 받은 자에 대한 건설 시설자금과 이미 운영 중인 자의 개보수 시설자금, 운영자금으로 나누어 지원된다. 한편 이러한 트렌드가 호재가 될 수 있겠다는 기대는 있으나 개발의 경험이 없는 토지 소유자 입장에서는 어떤 리스크가 있는지 파악하기가 쉽지는 않은 것도 사실이다.

대개 캠핑여행의 경우 야영장에 사전 예약을 하고 이용하게 된다. 그런데 야영장이나 캠핑장은 등록허가를 받아서 설치된다. 야영장업은 '일반야영장업'과 '자동차야영장업'으로 구분된다. 일반야영장업은 야영장비를 설치할 수 있는 공간을 갖추고 야영에 적합한 시설을 함께 갖추어 관광객이 이용하는 것이다. 그리고 자동차야영장업은 자동차를 주차하고 그 옆에 야영장비 등을 설치할 수 있는 공간을 갖추고 취사 등에 적합한 시설을 함께 갖추어 자동차를 이용하는 관광객에게 이용하게 하는 것이다(「관광진흥법」 제3조 및 동법 시행령 제2조 제1항 제3호 다목 참조). 그런데 외관상으로는 잘 설치된 야영장 같은 경우에도 종종 등록 없이 운영하는 곳도 있다. 이외에도 야영장업 개설시 농지나 산지의 경우에는 농·산지의 전용허가에 대한 절차를 밟아야 하며 개발행위 과정에서 건축허가와 관련하여 「건축법」에 의한 절차와 사용승인도 필요하다.

그리고 이렇게 야영장으로 등록하기 위해서는 시행령 별표 1에 의한 등록기준에 적합해야 한다. 예를 들어 긴급상황에 대피할 수 있는 대피로를 확보해야 하며 상·하수도와 전기, 화장실이 설치되어야 한다. 또한 자동차야영장의 경우 취사시설을 갖추어야 한다. 야영장업의 등록은 영업을 개시하기 전에 신청, 등록되어야 하고 특별자치도지사, 시장, 군수, 구청장은 등록기준에 적합한 경우 7일 이내에 등록증을 발급하게 된다. 등록시 소액의 수수료(3만 원)가 발생하며 상호나 대표자의 변경은 물론 부지면적의 변경이나 시설 설치나 폐지시에도 각각 수수료(1만5천 원)가 발생한다.

이용자의 입장에서 등록된 야영장인지 여부는 단순히 이용료 얼마를 내고 이용하는 것 이상의 의미를 갖는다. 또한 이는 토지 소유자들 입장에서도 중요하다. 국내에서 임야나 노지에서 취사와 야영을 할 수 있는 곳은 매우 제한되어 있다. 자기 소유의 임야나 토지라고 하더라도 자기 마음대로 영업을 할 수 없을뿐더러 영업이 아니라 자기 사용의 목적이라 하더라도 「산림보호법」, 「자연환경공원법」, 「자연공원법」, 「소방법」, 「하천법」 등 관련 법령의 제한을 받기 때문이다. 공원으로 지정된 곳이 아닌 사유지 임야에서도 「산림보호법」에 의해 취사가 금지된다. 등록되지 않은 야영지에서의 취사 역시 당연히 불법행위가 될 수 있다. 이용료를 내고 썼어도 마찬가지고 자기 소유의 땅에서 야영을 할 때도 마찬가지다. 큰 제약이 없을 것 같아 보이는 캠핑과 차박 그리고 이를 위한 토지의 이용도 모두 부동산공법에 대한 공부인 이유가 여기에 있다.

4 코로나19 클럽발 확진자 증가와 부동산 공부
(유흥주점이 있는 건물의 세금과 감성주점)

2020년 5월 코로나19의 유행으로 확진자가 큰 폭으로 늘어났다. 이에 2020년 5월 9일부터 12일까지 서울, 경기, 인천과 대구, 대전, 울산, 충북, 충남, 경남, 부산, 경북 등 12개의 시·도 지자체에서 클럽과 같은 유흥시설에 대해 집합금지 행정명령을 내렸다. 이후에도 코로나19의 확산을 막는 한편 영업피해를 줄이기 위한 조치가 번갈아 시행되었다.

집합금지 행정명령의 대상이 된 곳은 지자체별로 다소 차이가 있으나 클럽, 유흥주점과 감성주점 등이다. 경기도를 기준으로 보면 클럽, 룸살롱, 스탠드바, 카바레, 노래클럽, 노래바 등의 유흥주점 전부와 감성주점, 콜라텍 등이 24일까지 집합금지의 대상이 되었다. 이때 행정명령 발표에서 "장소의 이름은 중요하지 않다."는 표현이 나왔다. 코로나19 클럽발 부동산 공부의 중요한 포인트다.

일반적으로 보기에 이런 가게들은 다 비슷해 보이는데 유흥주점은 뭐고 감성주점은 뭔지, 서로 다른 건지 같은 건지 헷갈린다. 특히 감성주점은 용어부터 생소하다. 도대체 감성주점은 뭘까?

이러한 가게들은 「식품위생법」에 의해 분류된다. 유흥주점은 「식품위생법」 제37조의 허가대상인 유흥주점영업소 중 무도장이 설치되어 있거나 유흥접객원을 두고 객실이 면적의 50% 이상이거나 5개 이상인 곳을 말한다. 영업장 면적이 100㎡(공용면적 포함) 이하인 곳은 대상이 아니다. 음주행위와 노래를 부르는 행위가 허용되는 곳은 단란주점이다. 그리고 음식을 주로 취급하면서 부수적으로 음주도 할 수 있는 곳이 일반음식점이다. 세법에서는 이 중 유흥주점이 있는 건물의 경우 해당 부분에 대해 취득세(약 3배)와 재산세(16배)를 중과한다.

감성주점은 접대부가 없고 별도의 무대 없이 객석에서 춤을 추는 곳을 말한다. 2016년 침체된 지역경기를 활성화하기 위해 관련법이 개정되었다. 그리고 각 지자체별로 조례에 따라 영업을 허가하고 있다(「객석에서 춤을 추는 행위가 허용되는 일반음식점의 운영에 관한 조례」 등). 세법에서도 2019년 2월 시행령을 개정하여 감성주점을 일반 음식점으로 분류하고 있다.

그러나 이런 감성주점은 기존의 유흥주점과 잘 구분되지 않기도 한다. 또한 정식으로 감성주점 허가를 받지 않은 경우도 많다. 게다가 이와 유사한 광주의 한 클럽에서 2019년 붕괴사고가 있어 안전관리가 크게 이슈가 되었다.

콜라텍도 있다. 콜라텍은 1990년을 전후하여 생기기 시작한 것으로 알려져 있다. 지금은 주로 어르신들의 클럽, 사교의 장소 역할을 하고 있다. 그런데 처음에는 주로 청소년이 주요 고객층이었다. 홍대 중심의 클럽문화가 생기기 전에 이른바 '나이트클럽'이 있었다. 신사역 리버사이드호텔의 클럽과 종로, 이태원, 강남에 있던 다수의 나이트클럽이 대표적이다. 그런데 나이트클럽은 앞에서 설명한 유흥 주점이다. 술을 판다는 뜻이다. 따라서 미성년자들의 나이트클럽 출입은 당연히 불법이다. 그런데도 미성년자들의 이용이 많았다. 청주 등 일부 지역의 경우 나이트클럽의 주 고객이 사실상 청소년인 경우도 있었다. 결국 상권을 보호하면서도 불법이 되지 않기 위해 일부 나이트클럽이 콜라텍으로 전향했다. 술을 팔지 않고 대신 음료수를 판 것이다. 지금은 콜라텍이 고령의 어르신들을 위한 장소가 되었지만 이처럼 초기에는 정반대로 청소년을 위한 곳이었다.

어쨌거나 감성주점과 유흥주점, 감성주점이 아닌 일반음식점과 콜라텍까지 각 사업체를 운영하는 자영업자, 상가투자자나 건물주, 일반 소비자까지 모두 헷갈리긴 한다. 최근에는 헌팅포차라는 것도 생기고 있다. 결국 주점 하나를 가지고도 부동산 공부를 할 수 있고, 또 공부해야 제대로 알 수 있는 세상이라는 것이 새삼스럽고 놀랍다.

언젠가 한 유명 연예인이 투자한 건물과 관련하여 탈세 정황이 드러나 논란이 된 적이 있다. 유흥주점과 관련된 취득세와 재산세 탈루였다. 그러면 유흥주점과 세금은 어떤 관계가 있을까?

도박장, 유흥주점영업장, 특수목욕장, 그밖에 이와 유사한 용도로 사용되는 건축물 중 대통령령으로 정하는 건축물과 그 부속토지에 대해서는 취득세를 중과한다(「지방세법」 제13조 제5항 제4호 참조). 또한 「식품위생법」 제37조의 허가 대상인 유흥주점영업소 중 무도장이 설치되었거나 유흥접객원을 두고 객실이 면적의 50% 이상이거나 5개 이상인 곳도 중과대상이다. 단 영업장 면적이 100㎡(공용면적 포함) 이하인 곳은 대상이 아니다. 이 중 논란이 된 곳은 「식품위생법」에 의한 유흥주점이다.

일반적으로 매매를 통해 상가 등(농지 외의 부동산)을 취득하는 경우에는 4.6%의 세율이 적용된다. 그런데 취득세가 중과되는 경우 세율은 13.4%(지방교육세 등 sur-tax 포함)가 적용된다. 약 3배 정도 중과되는 것이다. 이때 중과는 전체 건물의 매매가격 중 유흥주점 등으로 사용되는 면적에 대해서 적용한다.

유흥주점 등은 재산세도 중과된다. 유흥주점 등이 아닌 상가나 사무실 등에 대한 재산세 세율은 0.25%이다. 반면에 유흥주점 등은 4%의 높은 세율이 적용된다. 건물의 가격(시가표준액)과 전체 토지 중 유흥주점 등에 안분된 토지가격(시가표준액)에 대해 계산된다. 비율로는 무려 16배에 달한다. 다만 유흥주점 등이 있는 건물의 경우 해당 임차인이 중과된 재산세를 부담하는 조건으로 계약이 된 경우도 있다.

어쨌든 중과대상 물건을 매입하는 경우에는 중과에 대한 충분한 고려가 있어야 한다. 경우에 따라서는 이런 사항을 충분히 숙지하지 못하고 계약을 하는 경우도 있다. 특히 임차인으로 노래방이 있는 경우 겉으로는 중과대상인 유흥주점인지 일반음식점인 노래방인지 구분이 쉽지 않은 경우도 많다. 더욱이 2019년 2월 세법 시행령 개정으로 접대부가 없고 별도의 무대 없이 객석에서 춤을 추는 이른바 감성주점이 일반음식점으로 허용되면서 구분이 더 어려워졌다. 게다가 취득시점에서는 중과대상이 아니었지만 취득 후 5년 이내에 유흥주점 등으로 사용되는 경우도 중과대상이 된다.

원칙적으로 유흥주점은 토지의 용도지역상 상업지역에서 설치가 가능하다. 따라서 일반적으로 입지나 상권이 양호한 곳인 경우가 많다. 그렇다 해도 건물을 매입하려는 쪽에서는 이런 특수한 중과규정과 이로 인한 부담을 충분히 숙지해야 한다. 이른바 좋은 상권에 있는 물건을 무조건 피할 이유는 없다. 하지만 최소한 이와 관련된 규정은 충분히 알고서 투자해야 한다.

5 날씨와 상권의 변화
(그 많던 로드 숍 옷가게는 어디로 갔을까?)

2021년 5월 한달 동안에는 비가 온 날이 무려 15일이나 됐다. 2017년과 2018년에는 비슷한 시기 봄 가뭄으로 전국의 강과 호수가 말라붙었던 것과 크게 대조된다. 덕분에 농촌에서는 가뭄 걱정 없이 농사 준비를 할 수 있었고, 2020년 여름에는 역대 최장기간 동안의 장마로 인해 제습기의 판매량이 전년도 같은 기간에 비해 2배 가까이 크게 늘었다. 반면 장마처럼 계속되는 비와 코로나19로 인한 소비 위축까지 겹치면서 요식업 등의 영업은 더욱 힘들었다.

근래 여름이 되면 하루가 다르게 날이 더워진다. 5월 초까지 섭씨 15도에서 25도 사이였던 온도는 19도에서 30도(2022년 5월 중순 서울, 소공동 기준)까지 높아진다. 최근 수년간 여름 기온이 전반적으로 높아지고 있다. 이에 반해 겨울은 이전보다 더 추워지고 있다. 다행히 2020년도 겨울은 덜한 편이었지만 앞으로 북반구 상당수 지역이 제트 기류에 의한 한파가 반복적으로 나타난다고 한다. 한국도 예외는 아니다. 게다가 2017년의 경우를 보면 가을 날씨도 전보다 빨리 찾아오고 있다. 가을이 빨라진다는 것은 겨울 추위가 더 길어진다는 뜻과 같다.

더운 여름, 추운 겨울, 봄·여름·가을 할 것 없는 잦은 호우 등 날씨의 심한 변화가 지속되면 사람들이 소비하는 형태와 상권의 판도까지 변경시킬 중요한 요인이 될 수 있다. 가장 대표적인 현상이 로드 숍의 영업부진이다. 주로 의류브랜드를 중심으로 하는 로드 숍이나 전국 각 지역의 로데오 상권이 전반적인 부진을 면치 못하고 있다. 이는 날씨 외에도 e-커머스 시장의 발달로 의류의 온라인 구매가 늘었다는 점이 크긴 하다. e-커머스 시장의 확대로 기존 상권의 업종 구성과 중심 업종의 차이에 따른 상권의 성쇠도 달라지고 있다. 의류에 대한 인터넷 주문은 이미 오래 전부터 시작되었지만 현재는 완전히 인터넷 주문이 정착되었다. 기존의 오프라인 매장에서 옷을 사서 입는 일은 점점 줄고 있다.

하지만 의류의 인터넷 주문이 정착된 현재에도 모든 사람이 옷을 온라인으로만 보고 구매하는 것은 아니다. 즉 인터넷으로 옷을 사더라도 오프라인 매장에서 구경을 하고 산다. 그런데도 왜 의류 중심의 로드 숍이 고전하고 있을까? 이제 옷을 보기 위해 오프라인 매장을 갈 때는 기존의 로드 숍이 아니라 스타필드나 코엑스, 타임스퀘어 같은 복합쇼핑몰을 찾기 때문이다. 전보다 더 덥고 더 추워졌으며 비가 오거나 눈이 오는 날도 많아진 영향이 다방면으로 같이 작용한 것으로 보인다. 스타필드와 코엑스, 타임스퀘어, 김포롯데몰 등 복합 쇼핑몰은 한 곳에 먹을 것과 쇼핑할 것 등 즐길거리가 다 있고, 집에서 차로 출발하여 쇼핑몰 지하주차장에 차를 대고 날씨와 상관없이 소비할 수 있기 때문이다. 결과적으로 기존의 의류 중심 로드 숍들은 점점 축소되고 있고 해당 업종 중심으로 형성된 상권은 점점 위축되고 있다.

전국 각지에 있는 의류 중심의 로데오상권은 심각하게 위축되었다. 홍대입구 상권 대로변과 정문 입구 방향의 주요 상권, 종로 일대 대로변의 브랜드 의류매장 상권이 모두 통째로 위축되고 있다. 명동의 경우 외국 관광객의 급격한 감소와 함께 로드 숍 중심의 의류브랜드 영업 위축이 동시에 작용된 영향을 중복적으로 받는 것으로 보인다. 대한민국에서 가장 비싼 땅값을 자랑하던 명동의 메인 쇼핑거리는 평일 낮에 무단으로 주차한 차량의 주차장처럼 사용되고 있다. 이 일대가 토지 3.3㎡당 10억 원의 시세가 형성되었던 곳이라는 점을 생각하면 무시무시한 변화라고 할 수 있다.

한편 날씨의 영향과 더불어 코로나19의 유행이 겹치면서 요식업의 중심도 바뀌고 있다. 배달앱 등 주문플랫폼이 활성화되면서 배달 중심으로 요식업 시장과 관련 상권도 바뀌고 있다. 어차피 배달이 중심이 되는 이상 비싼 임대료를 물어가며 대로변에 점포가 있어야 할 이유가 없어졌다. 결국 상권의 중심이 대로변에서 이면으로 넘어가고 있다. 대로변의 경우 상대적으로 높은 임대료 부담도 이러한 현상을 가속화하고 있다. 여기에 더해 배달상권의 중심반경이 커지는 현상도 같이 나타나고 있다. 상권의 중심반경이 커졌다는 것은 다시 말해 지역 내 동네상권은 오히려 더 축소될 수 있음을 의미한다. 반면에 중간지대 상권에 있는 핫플레이스 맛집은 영업이 더 잘 될 수 있다. 이에 대한 자세한 사항은 다음 장에서 설명하기로 한다.

6 코로나19 팬데믹 이후 대한민국 상권의 변화

코로나19의 전세계적 유행은 우리 사회의 많은 것을 바꿔놓았다. 너무나 많은 것이 바뀌었고 또 계속 바뀌고 있어서 단순히 '바뀌었다'는 표현만으로는 부족할 지경이다. 삶의 모습을 바꿔놓았을 뿐 아니라 삶의 터전이 되는 부동산시장의 판도를 바꿔놓고 있다.

코로나19의 유행기간에 세계 각국이 다른 나라로의 입국과 출국을 제한했다. 그 여파로 세계 전체의 유동인구가 줄었다. 해외여행이 줄었다는 뜻이다. 이로 인해 국내 주요 상권 중 외국관광객을 기반으로 하는 상권은 크게 위축되었다. 한편 해외여행의 제한으로 인해

제한적이긴 하지만 더 좋아진 곳도 있다. 국내여행객이 해외여행객을 대체한 지역이 있다는 뜻이다. 대학교 상권도 바뀌었다. 대학에서도 원격강의가 광범위하게 확대되었다. 이로 인해 오프라인 강의와 학생들의 밀집에 의해 형성된 대학교 상권이 전반적으로 위축되었고 상권 자체가 축소되는 경향을 보였다.

물론 다 그런 것은 아니다. 대학교 상권에서 시작되었지만 트렌드형 상권과 결합하여 상권이 더 커진 곳도 있다. 즉 모두가 망한 것은 아니다. 서울의 경우 대로변을 중심으로 발달하던 주요 상권들은 코로나 이전 장기소비침체와 소비트렌드 변화의 영향을 받기 시작하다가, 코로나19 팬데믹 이후에 영업과 소비의 중심이 대로변에서 이면으로 바뀌고 있는 것으로 보인다. 지역에 따라 편차가 있긴 하지만 상대적으로 지가가 높은 곳일수록 상권의 중심이 대로보다 이면 쪽으로 더 발달하는 모습을 보이고 있다.

코로나19로 인한 영향 중 가장 눈에 띄는 것은 바로 배달시장의 확대다. IT기술의 발전 속에 코로나19를 피하기 위한 거리두기의 영향으로 사람들과의 만남이 줄어든 반면, 재택근무 등 다양한 이유로 인해 배달시장이 큰 폭으로 성장했다. e-커머스 시장의 확대뿐 아니라 음식 중심의 배달시장도 같이 커졌는데 이는 상권의 변화에 매우 큰 영향을 미친다. 주목할 점은 이 과정에서도 모든 상권이 획일적으로 위축되는 것이 아니라 분화(양극화)되는 형태로 나타나고 있다는 점이다.

기존의 음식배달시장은 중국집과 치킨집 중심의 제한적인 음식 종류에 국한되어 존재했다. 배달을 하는 식당은 통상 배달원을 직원으로 두는 형태로 운영되었고 물리적으로는 음식의 품질이 보존될 수 있는 거리(distance)를 중심으로 식당이 위치했다. 직고용이나 품질상의 이유 등의 구조 때문에, 특히 중국집의 경우 배달용기를 다시 회수하여 사용하는 형태를 취하고 있었다. 그러나 코로나19의 영향으로 1회용 포장용기의 이용이 확대되었고, 역설적이게도 이는 배달상권의 범위를 확대시키는 결과를 낳았다. 배달용기의 회수가 필요하지 않게 되면서 상대적으로 더 먼 범위까지 배달이 확대되었다. 여기에 배달앱 등 어플리케이션(배달주문 플랫폼)의 등장으로 배달 라이더라고 하는 직업시장이 크게 확대되어 기존의 배달상권 범위를 크게 확장시켰다. 기존의 배달음식은 동네에 있는 중국집과 치킨집이 전부였지만 이제는 더 먼 곳에 있는 다양한 식당에서도 배달이 가능해졌다. 기존 배달상권은 지하철역 기준 2개 이내의 범위에 국한 되었다면 이제는 5~6개 역의 거리까지 배달의 범위가 확대되었다. 이는 주거지 인근 정주형 상권의 범위가 더 커지고 반대로 애매한 중간지대 상권은 위축되는 결과를 가져왔다. 반면에 가까운 곳에 있는 애매한 품질의 식당은 주문이 줄고 조금 더 먼 거리에 있더라도 맛집으로 소문난 곳은 영업이 더 잘되는 현상이 나타나고 있다. 더 먼 곳에서도 주문을 할 수 있게 되었기 때문이다. 앞에서 설명한 사례와 마찬가지로 모두가 망한 것은 아니라는 의미다.

한편 앞으로도 상권이 지속될 수 있는 곳도 다수 존재한다. 음식은 배달시키면 되고, 옷이나 신발은 복합쇼핑몰에서 살펴보고 인터넷으로 주문하면 되지만, 완전하게 해결되지 않는 종류가 있기 때문이다. 바로 술이다. 코로나19가 완만하게 줄어들면 술 중심의 상권은 다시 영업이 살아날 것으로 보인다. 더군다나 코로나19가 여전한 상황에서도 오피스 밀집지역 주변상권이나 젊은 세대가 주류인 연남동 등 일부 상권, 유흥 중심의 여러 상권은 성황을 구가했다. 방역지침의 위반 등 다수의 위험한 영업형태가 있었고 이는 사회적으로 바람직하지 않은 현상이었던 것도 사실이나 어쨌든 상권은 이렇게 다시 분화되는 모습으로 나타나고 있다.

예전에도 상권은 트렌드와 입지, 주변의 개발 등에 따라 지속적으로 변화해왔다. 중요한 것은 최근의 추세상 과거에 비해 이러한 변화의 속도가 더 빠르고 크게 나타나고 있다는 점이다. 다만 그 변화를 구성원 전부가 내부에서 체감하는 데까지는 생각보다 오랜 시간이 걸린다.

앞으로 일정 시기 이후에 코로나19와 유사한 질병이 다시 찾아오지 않으리라는 보장이 없다. "변하지 않는 것은 모든 것이 변한다는 그 사실 하나 뿐이다."라는 말의 의미를 되새길 필요가 절실해지고 있다. 수익형 부동산과 상권의 변화 역시 마찬가지다. 변화의 흐름을 읽어내는 것은 부동산시장을 보는 가장 중요한 요소 중에 하나라는 점을 명심하자.

7 맹꽁이 서식지는 개발제한구역이 아니어도 개발이 제한된다(비오톱 1등급 토지)

　최근 도로, 터널의 신설은 물론 공항, 산업단지, 공공주택지구 사업 등 토지개발의 다양한 분야에서 맹꽁이 얘기가 심심치 않게 들린다. 이와 관련하여 비교적 생소한 비오톱이라는 용어도 자주 들을 수 있다. 대체 무슨 일일까?

　맹꽁이는 무미목 맹꽁이과의 양서류 동물로 한국과 중국 북동부에 서식한다. 몸길이 약 4.5㎝에 불과한 작은 생물이다. 그런데 맹꽁이는 멸종위기종이다. 2012년 5월 31일에 멸종위기 야생생물 2급으로 지정되어 보호받고 있다('국립공원공단 생물종정보' 참조). 그리고 비오톱은 그리스어에서 파생된 단어로 동식물 등 생물종의 공동서식 장소를 의미한다. 그런데 이 맹꽁이와 비오톱은 어떻게 부동산과 관련이 되어 있을까? 비오톱이 투자 또는 개발에 있어 중요하다고 하는데 이는 무슨 의미일까? 그리고 이 비오톱 등급은 어떻게 확인할 수 있을까?

　토지의 이용은 법률에 의해 제한될 수 있다. 국내의 모든 토지는 「국토의 계획 및 이용에 관한 법률」(이하 「국토계획법」)에 의해 규정된다. 「국토계획법」은 국토의 이용·개발과 보전에 관한 계획의 수립과 집행에 있어 기본이 되는 법률이다. 그리고 여기에 더해 토지의 이용과 관련된 규제로 「토지이용규제 기본법」이 별도로 있다. 「토지 이용규제 기본법」은 지역·지구의 지정과 이에 따른 절차, 토지이용계획확인서 등 공적 서류의 발급과 표시내용에 대한 절차 등을 담고 있다. 이 법에 따라 시장·군수·구청장은 토지이용계획확인서를 발급한다. 토지이용계획확인서에는 지역·지구 등의 지정과 행위 제한, 그리고 일반 국민에게 그 지정내용을 알릴 필요가 있는 사항이 기재된다 (「토지이용규제 기본법」 시행령 제9조 제4항 참조). 여기에는 비오톱 1등급 토지가 포함된다. 즉 비오톱 1등급 토지는 토지이용계획 확인원을 통해 확인할 수 있다(「서울시 도시계획조례」 제68조의 2 참조).

한편 서울시의 경우 시장은 관할구역에 대하여 도시기본계획을 수립 하는데 이때 도시기본계획에 필요한 기초조사 내용에 도시생태현황 등을 포함시킬 수 있다(「서울시 도시계획조례」 제4조 참조). 그리고 도시 생태현황 조사에는 비오톱 유형의 평가등급과 개별 비오톱 평가등급이 포함된다. 비오톱 평가유형 등급은 1등급-보전이 우선되어야 하는 유형, 2등급-보전이 필요한 유형, 3등급-대상지 일부에 대하여 보전을 하고 잔여지역은 생태계 현황을 고려한 토지이용이 요구되는 유형과 그 아래 단계로 현황고려 또는 부분개선이 필요한 4등급, 5등급으로 분류된다. 개별 비오톱 평가등급은 보호가치가 우선시 되는 1등급, 보호가치가 있는 2등급, 한정적인 가치를 가지는 3등급으로 분류된다(「서울시 도시계획조례 시행규칙」 제3조 참조).

이렇게 비오톱으로 지정된 토지는 감정평가를 할 때에도 공법상 제한을 받는 토지로 보고 평가되며 특히 비오톱 1등급인 경우 일체의 개발행위가 금지된다. 비오톱 등급에 해당하는 토지는 자연녹지 지역 뿐 아니라 공업·상업지역도 있다. 한 예로 맹꽁이의 집단 서식지가 확인되어 개발사업이 중단 또는 지연되거나 논란이 된 경우를 보면 천안의 산업단지 진입로, 제주 제2공항은 물론 성남의 공공주택 개발 부지도 있다. 개발제한구역이나 도시계획시설인 공원 등도 있는데 이 경우 개발제한구역이 해제되거나 도시계획시설 지정이 일몰로 해제 되어도 개발이 역시 제한될 수 있다.

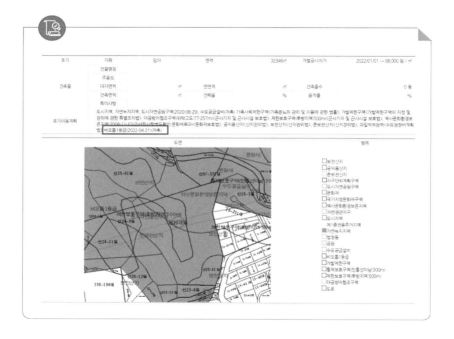

경제의 발전과 소득수준의 증가에 맞물려 이전에는 등한시되었던 자연환경의 보호나 유지·관리가 이전 어느 시기보다 중요해지고 있다. 지금의 세대가 한번 쓰고 마는 것이 아니라 다음의 세대와 그 이후까지 공유해야 할 자연환경으로서의 가치는 점점 커지고 있다. 앞으로는 이러한 종류의 보호와 이를 위한 규제가 더 강해질 수밖에 없다. 당장의 쓰임새뿐 아니라 미래의 후손들까지 고려하면 당연히 개발은 더 조심스러워져야 할 필요도 있다. 따라서 앞으로는 부동산 투자 또는 개발에 있어 유동인구와 상권의 발달뿐 아니라 법률, 부동산 공법이 더욱더 중요해질 수밖에 없다. 부동산 투자를 할 때도 부동산 공법을 더 열심히 공부해야 하는 이유다. 법을 알지 못하면 투자도 제대로 할 수 없다는 점을 명심하자.

8 전봇대를 옮길 수 있을까?

내 땅 혹은 내 땅 인근에 배전선로(전주, 전선), 즉 전봇대와 전선이 있는 경우가 있다. 전봇대는 건물과 일정한 이격거리를 유지하여 설치되지만 도심에서는 과거 선로가 설치되고 건물이 지어지는 과정에서 가까운 거리에 붙어서 설치된 경우도 많다. 이때 전봇대로 인해 통행 및 생활에 심각한 불편을 주거나 건물을 신·증축하는 과정에서 지장이 있는 경우가 생길 수 있다.

이런 경우 전봇대의 이설 신청을 할 수 있다. 이설 신청은 토지 소유자 등이 직접 지역 관할 한국전력 지점에 가서 신청하거나 우편 또는 FAX로도 신청이 가능하다. 건물의 신·증축으로 인한 장애로 이설을 신청하는 경우에는 전화로도 신청이 가능하다. 다만 이때는 구비서류를 직접 한국전력 직원이 현장에 왔을 때 제공해야 한다. 건물 등 신·증축의 경우 한국전력에 제출해야 하는 구비서류는 '건축허가서나 신고서 사본'이다. 다만 건축 외의 경우엔 토지대장등본과 현장사진을 내면 된다. 즉 전봇대와 전선이 어떠한 행위에 지장을 초래한다는 사실을 증명할 수 있는 행정기관의 확인서와 사진으로 허가서를 대체할 수 있다. 이외에도 건물 내부에서의 활동과 관련된 경우 건축물관리대장이나 건물등기부등본, 농지에서의 활동과 관련된 경우 토지대장등본과 현장사진이 필요하다. 이때 사유지 내에 설치된 전봇대 등의 경우에는 건물등기부등본이나 토지대장, 건축물관리대장의 발급과 발급비용도 한국전력 부담으로 한다.

그런데 전봇대 등을 이설할 수 있다고 하더라도 항상 중요한 것은 이때 발생하는 비용이다. 즉 이설하는 데 들어가는 비용을 누가 부담할 것인가가 관건이다. 비용 부담은 이설을 요청한 토지 소유자 등이 부담하는 경우와 한국전력이 부담하는 경우로 나뉜다. 토지 소유자 등이 부담하는 경우는 공공용지 또는 타인의 사유지에 위치한 것을 이설 요청하는 경우, 내 소유의 토지에 있지만 미관상의 이유로 요청하는 경우, 대문이나 창고 등의 효용을 저해하는 경우, 협의보상이 완료된 철탑의 이설을 신청하는 경우 등이다. 한국전력이 부담하는 경우는 건물 등과의 이격거리 미달인 경우, 사유지 내 설치된 것으로 건물 등의 신·증축에 지장을 주거나 정원 조성, 담장 개축 등 구내 활용에 지장이 있는 경우, 전봇대 일부가 사유지를 점유하고 있고 전선 등이 사유지를 통과함으로 인하여 건물 신축에 지장이 되어 이설하는 경우 등이다.

[전신주 이설 전] 파란색 실선 참조

[전신주 이설 후] 파란색 실선 참조

전봇대의 이설 비용은 기존 위치와 옮겨지는 위치, 이설로 인한
전선 등의 배치에 따라 제각각이다. 일반적인 전봇대 외에 전선의
배치를 위해 휘어진 전봇대를 사용하는 경우도 있다. 휘어진 전봇대는

통상적인 것보다 비싸다. 특히 실무적으로는 전봇대의 이설로 인하여 전선 등이 타인 소유의 토지나 건물을 지나가거나 타인의 전기 이용에 지장을 초래하는 경우에는 해당 주민의 동의가 필요한 경우도 있다. 핵심은, 전봇대는 옮길 수 있다는 점이다. 그리고 옮기는 비용은 상황과 조건에 따라 다르다는 것이다. 아파트가 아닌 주택이나 신축 등을 위해 토지를 매입하는 경우라면 땅 자체만이 아니라 도로와 주변 전봇대까지 미리 살펴야 한다. 필요할 경우 옮기는 것도 가능해야 하고 비용 부담의 기준도 명확히 알고 있어야 한다. 한편 KT통신전주의 경우 절차와 방법은 한국전력 전봇대와 비슷하지만 신청 등 세부적인 사항은 다르기 때문에 이를 구별하는 것도 필요하다. 외관상으로는 둘 다 비슷하게 생겼지만 엄연히 다르다는 것을 알아두자.

9 내 건물 간판은 마음대로 달 수 있을까?

법은 우리의 생활관계 전반에 큰 영향을 미친다. 흔히 하는 말로 '법 없이도 살 사람'이라는 표현이 있지만 엄밀히 말하면 우리는 법 없이는 살 수 없다. 우리나라의 상고시대, 고조선에서도 8조법이 있었으며 기원전 1800년 바빌로니아에도 함무라비왕 때의 282조 법이 있었다. 시간이 흘러 오늘날에도 수많은 법이 존재하는데 부동산의 영역도 법에 의하여 규율된다. 그런데 법률 체계상 부동산과 관련된 법은 사법과 공법으로 크게 나뉜다. 사법은 통상 사인(私人) 상호간의 관계를 규율하는 것이고 공법은 국가 및 공공단체 상호간 또는 이들과 개인간의 관계를 규율하는 법이다. 사익의 보호를 목적으로 하는 경우 사법, 공익의 보호를 목적으로 하는 경우 공법으로 분류하기도 하고 법률이나 통치의 위계 등으로 기준을 삼기도 한다.

이러한 공법 중에 하나가 「옥외광고물의 관리와 옥외광고산업 진흥에 관한 법률」(이하 「옥외광고법」)이다. 이 법은 옥외광고물의 표시와 설치에 관해 필요한 사항을 정하여 안전하고 쾌적한 생활환경을 조성하는 것 등을 목적으로 한다. 이 법에 의해 건물 등의 간판을 포함한 옥외광고물 등의 설치와 관련된 행정상의 제재가 정해지기 때문에 대표적인 공법 중의 하나다. 즉 어떤 자가 자기의 건물이나 사업을 위해 간판을 설치하는 경우 그것이 공중의 안전이나 미관 등을 해치지 않도록 규제한다.

그런 의미에서 설사 내 건물, 내 가게라 하더라도 간판을 자기 마음대로 설치할 수 없다. 즉 간판·디지털광고물·현수막·벽보 등 옥외의 광고물을 설치할 때는 광역지자체 또는 기초지자체에 신고를 하거나 허가를 받아야 한다. 한편 이 법에 의해 설치에 제한을 받은 광고물 등에 대한 구체적인 내용은 법체계상 대통령령으로 하부 위임되어 있고 다시 그 세부사항은 시행규칙(행정안전부령)에 위임되어 있다. 그리고 각 지자체별로 이와 관련된 조례를 두고 있다. 결국 건물 간판과 같은 광고물에 대한 구체적인 사항은 각 지자체 의회에서 정하게 된다.

사업이나 장사를 하는 사람들 입장에서 간판 등 옥외광고물은 자기의 사업을 홍보하고 사람들을 유인하는 중요한 수단 중의 하나다. 특히 건물 내에서 장사를 하는 경우 간판은 매우 중요하다. 사업자는 가능한한 자기의 건물이 눈에 띄게 하고 가게가 잘 보이도록 간판을 세우려고 한다. 이 과정에서 풍경이나 미관뿐 아니라 행인 등의 안전을 해칠 우려도 발생할 수 있기 때문에 법률상 일정한 제한을 두고 있다. 가장 대표적인 것이 건물의 간판에 설치할 수 있는 층수에 대한 제한이다.

2018년 12월 25일 이전까지 서울의 경우 주거지역(3종 일반주거지역 이하)에서는 건물의 3층까지만 간판을 설치할 수 있었다. 반면에 상업 지역에서는 5층까지 간판의 설치가 가능했다. 같은 기간 부산과 같은 지역은 조례에 의해 5층까지 간판 설치가 가능했다. 2018년 12월 26일 행정안전부에서 옥외광고법 시·도 조례 표준 조례안을 전달했다. 여기서 간판설치 층수를 5층으로 완화했다. 따라서 이 시기 이후에는 서울의 일반주거지역에서도 가로변을 중심으로 최대 건물의 5층까지 간판을 달 수 있게 되었다. 건물별로 간판을 달 수 있는 여지가 좀 더 생긴 것이다. 다만 최근 간판 설치는 커서 잘 보이는 것보다는 건물 전체적으로 균형감 있고 심플하고 통일감 있게 하는 것이 추세다. 그 편이 건물과 간판을 더 잘 눈에 띄게 하기 때문이다. 중요한 점은 장사를 하는 사람이든 건물을 소유한 사람이든 부동산과 연관된 법률상의 규제와 그 규제의 변화, 그리고 거기에 더한 트렌드까지 전반적으로 잘 살필 줄 알아야 한다는 점이다. "음식만 잘해서는 음식으로 성공할 수 없고 옷만 잘 만든다고 옷을 잘 팔 수 있는 것도 아니다."라는 점을 명심하자.

부동산 투자 그렇게 하는 거 아니야

PART Ⅱ
부알못 세알못

부동산 투자 그렇게 하는 거 아니야

Chapter 4

부동산을 보는 눈, 투자 안목

1. 경사지에 있어 좋은 부동산

2. 기획부동산

3. 수익형 부동산의 가격 상승률

4. 수익형 부동산의 트렌드

1 경사지에 있어 좋은 부동산

대지 위에 건물을 지을 때는 건폐율과 용적률의 제한을 받는다. 「국토의 계획 및 이용에 관한 법률」에 의해 용도지역이 정해지는데, 용도지역에 따라 지을 수 있는 건물의 규모가 달라지며, 특히 용적률에 따라 건물 전체의 크기가 달라지게 된다. 용적률은 대지면적에 대한 건축물 각 층 면적을 합계한 연면적의 비율이다. 예를 들어 서울의 경우 3종 일반주거지역의 용적률은 250%이다. 대지가 330㎡인 경우 건물 전체의 연면적은 825㎡를 지을 수 있다. 그런데 용적률을 계산할 때는 chapter 2에서 설명한 것과 같이 지상층의 면적만을 기준으로 한다. 즉 지하층의 면적은 용적률 산정을 위한 면적에 포함되지 않는다. 그러나 앞에서 말한 것과 같이, 지하층이 용적률 제한을 받지 않는다고 무작정 지하층을 깊게 파서 짓지는 않는다. 같은 면적일 때 지하층은 공사비가 더 많이 들기 때문이다.

그런데 이 건물이 경사지에 위치한다면 상황이 달라진다. 그림과 같이 경사지에 지어진 건물의 경우 지표의 낮은 쪽에서 보면 지하층이 실질적으로 1층의 역할을 하는 경우를 볼 수 있다. 건물의 앞뒤로 경사가 있는 경우 지하층의 1/2 이상이 땅에 묻혀 있으면 지하층의 한 면이 지상으로 노출되어 있더라도 지하층으로 인정된다. 즉, 「건축법」 상으로는 지하층인 곳이 지표의 낮은 곳 쪽에서는 1층의 역할을 하게 된다. 결국 지하1층에 지상2층 건물이지만 지상3층인 건물처럼 활용할 수가 있다.

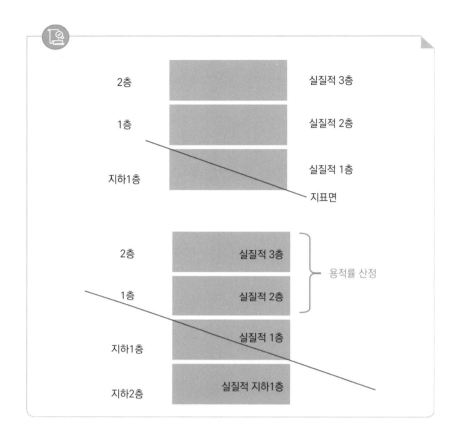

이와 같은 맥락에서 앞에서와 같이 아래쪽 지표면을 기준으로 지표면 밑에 한 개 층을 더 판다고 가정하면 같은 대지 크기일 때 지하2층이 지하1층의 공사비 수준으로 충당되고 지하1층이 1층의 역할을 하면서 같은 용적률 범위 내에서 지하1층에 지상2층 건물이 아니라 지하1층에 지상3층과 같은 건물로 지을 수 있는 것이다.

그런데 부동산 투자에서는 다양한 속설이 있다. 예를 들어 경사지 땅은 풍수가 좋지 않다든지, 돈은 위에서 아래로 흐르기 때문에 돈이

고이는 곳은 저지대라든지 하는 것들이다. 이런 류의 설들은 흔히 근거가 빈약한 것들이다. 실제로 경사가 있는 곳은 사람들의 도보 이동이 제한되기 때문에 상권의 발달이 어려울 수 있긴 하다. 하지만 경사에도 불구하고 이미 상권이 발달한 곳이라면 얘기가 달라진다. 이러한 것들은 오히려 매입에 대한 바람직한 의사결정을 잘못 판단하는 쪽으로 작용한다. "경사지라 못 산다.", "건물이 너무 낡아서 못 산다."와 같은 식이다. 그래서 부동산을 공부해야 한다. 공부해야 모르는 것을 알 수 있기 때문이다.

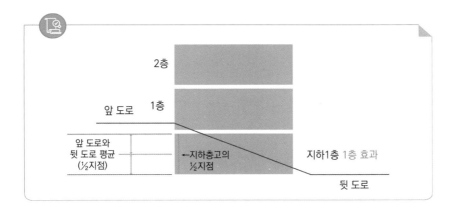

한편 경사지에 있다고 해서 전부 1층 역할을 하는 지하층이 되는 것은 아니다. 지하층 층고의 1/2지점이 경사지의 높은 쪽과 낮은 쪽의 1/2지점보다 낮게 위치해 있어야 한다.

그리고 추가로 하나 더 살펴볼 부분은 경사지 중에서도 앞쪽 도로와 뒤쪽 도로가 모두 접근이 가능하고 상권이 형성되어 있다면 일반적인 경사지보다도 더 좋은 역할을 할 수도 있다는 점이다. 통상 건물의 임대료는 1층에서 상당수 나온다. 일반적으로 2층이나 지하의 임대료는 1층의 60%~70%, 경우에 따라선 50%에 그치기도 하기 때문이다. 반대로 보면 1층은 2층이나 지하보다 2배 정도 임대료를 더 받을 수 있다. 따라서 그림과 같이 양쪽에 편평한 도로를 끼고 경사가 있는 물건이라면 지하1층과 1층이 모두 실질적 1층의 역할을 할 수도 있다. 즉 1층이 2개층인 것 같은 효과를 볼 수도 있다.

사진은 청담동에 있는 한 건물이다. 건물의 앞쪽과 측면이 두 개의 도로와 닿아있는데 좌측의 도로가 경사가 진 곳이다. 따라서 오른쪽 도로에서 바로 접근이 가능한 1층처럼 보이는 곳이 「건축법」 상으로는 지하1층에 해당한다. 이 점을 활용하여 건물의 좌측 쪽으로 1층 진입로를 만들어 필로티 구조로 삼고 위로 4층까지 올려서 땅 크기에 비해 높은 건물을 지을 수 있었다. 건물 대지가 채 40평이 되지 않아도 이렇게 큰 건물을 지을 수 있었던 이유다.

수익형 부동산에 대해 공부를 할 때의 방향성을 제시하기 위해 일반적으로 알려져 있는 속설들에 현혹되기보다는 법률에 대한 공부가 더 중요하다는 점을 알아보았다. 잘못된 속설들은 좋은 부동산을 매입하는 데 걸림돌이 되는 경우가 많다. 이런 측면에서 부동산에 대한 공부는 부동산학에 대한 공부가 아니라 법률에 대한 공부일 수 있다는 점을 알아두면 좋겠다.

2 기획부동산

● 의외로 많은 사람들이 …

검찰, 140억원대 기획부동산 사기 일당 기소
입력 2013.04.03 16:51

용인시 중동 일대
자연녹지 개발
미끼 148명
142억원 사기 분양

2013년 4월 140억 원대 기획부동산 사기 사건이 보도되었다. 용인시 중동의 자연녹지 지역에 있는 땅을 개발될 곳이라고 속여 무려 148명으로부터 142억 원을 사기 분양한 것이다. 우측에 있는 사진이 바로 해당 필지의 지적도이다. 파란 선 테두리 안에 수십 개로 쪼개진 필지가 보이고 중간 중간은 도로가 계획된 것처럼 보인다. 오른쪽 아래에 있는 사진은 같은 곳을 위성으로 본 것이다. 실상은 검푸른 색으로 보이는 곳이 전부 산이다. 해발고도 400m 이상의 빽빽한 산 한 가운데인 것이다. 건축은커녕 도로도 내기 힘든 곳이다. 그러면 사람들은 이런 땅을 가지고 왜 사기를 당했을까?

檢, '50억대 전원주택 분양사기' 기획부동산 일당 적발

(수원=뉴스1) 최대호 기자 │ 2014.11.03 15:55:55 송고

개발이 불가능한 전원주택 부지로 분할해 분양한다고 속여 투자자로부터 수십억원을 가로챈 일당이 검찰에 적발됐다.

수원지검 형사1부는 특정경제범죄 가중처벌법상 사기 등 혐의로 기획부동산 업자 정모(44)씨 등 2명을 구속기소하고 공범 백모씨 등 6명을 불구속기소했다고 3일 밝혔다.

또 이들로부터 세무조사 무마 명목으로 수천만원의 뇌물을 건네받은 용인세무서 전 세무공무원 김모(51)씨를 구속기소했다. 정씨 등은 2009년 10월부터 2012년 1월까지 강원도 춘천에 있는 임야 6필지(약 17만㎡)를 전원주택부지로 분할해 분양할 것처럼 광고해 모은 투자자 191명으로부터 50억원을 받아 챙긴 혐의를 받고 있다.

검찰조사 결과 이들은 처음부터 분할이 불가능하고 전원주택을 건축할 수도 없는 자연보전지역이나 농림지역 내 임야를 싼 값에 사들인 뒤 피해자들에게 전원주택부지로 팔아넘긴 것으로 드러났다. 이들은 신문에 허위 광고를 주기적으로 게재, 광고를 보고 온 투자자들에게 실제와 다른 땅을 보여주며 계약을 유도하거나 같은 땅을 여러 사람에게 중복분양하는 등의 수법을 썼다고 검찰은 설명했다.

2014년에 비슷한 기획부동산 사기가 있었다. 이번에는 강원도 춘천이었다. 사기의 핵심은 전원주택지였다. 사기꾼들이 이른바 '언덕 위의 푸른 집'을 노후 목적으로 사놓으려는 사람들의 꿈을 이용한

것이다. 기획부동산 사기는 주로 이렇게 노후를 대비하려는 사람들의 꿈이나 불안한 심리를 이용한다. 이 과정에서 신문광고 등을 이용하기도 한다.

● 섬 투자 열풍에 나도 모르게 그만 …

한때 섬 투자 열풍이 불었다. 서해안에는 수많은 섬이 존재하는데 이러한 섬들은 통상 접근성이 떨어진다. 그런데 점점 기존 섬과 섬 사이를 잇거나 육지와 섬을 잇는 다리, 즉 연륙교가 설치되는 일이 많아졌다. 자동차를 타고 접근할 수 있게 된 것이다. 화면 속 필지도 서해안의 섬 중 하나에 있는 곳이다. 위 지적도를 보면 네모반듯하게 구획정리가 되어 있다.

  같은 곳을 위성지도로 살펴보면 산 한가운데인 것을 확인할 수 있다. 사진으로 보이는 이 두 곳은 서로 같은 곳이다. 검푸르게 보이는 것은 역시 삼림, 나무다. 섬에 있기는 했지만 사실상 바다가 보이지도 않는 곳이었다. 이런 땅 수십 필지가 서해안 낙조가 보이는 곳에 전원주택을 지으려는 사람들에게 사기 분양된 것이다.

● 파는 사람이 누군지 알아는 보고 사야 …

다음 사례는 비교적 야트막한 임야로, 기존의 마을이나 도로와도
인접한 곳이다. 외관상으로는 임야를 개간하여 집을 지을 수 있는
땅인 것처럼 보이지만 토지이용계획확인원을 보면 역시 개발은 불가능
한 곳이다. 앞의 두 개 사례와 다른 점은 필지 분할이 되지 않았다는

점이다. 토지 분양과 관련된 기획부동산 사기가 늘어나자 법이 개정되어 실제로 개발을 선행해야만 필지를 분할할 수 있도록 강화되었기 때문이다.

즉 이 토지는 하나의 필지였던 채로 사기가 진행된 것이다. 기존 도로와도 근접해 있기 때문에 많은 사람들이 속았으리라 생각된다.

해당 필지의 토지 등기부등본을 보면 A라고 하는 회사가 기존 토지 소유자들로부터 지분 전부를 매입한 것이 보인다. 일단 이 회사는 대전 서구 대덕대로의 한 오피스텔 7층에 본사 사무실이 있는 것으로 되어 있다. 몇천만 원이든 몇억 원이든 이 정도의 토지를 구입하여 개발하는 회사 치고는 사무실이 위치한 곳이나 회사의 규모가 너무 초라하다는 것을 눈치챌 수 있다.

[토지] 전라북도 군산시 대야면 산월리 ▮▮▮▮▮   고유번호 ▮▮▮▮▮

순위번호	등 기 목 적	접 수	등 기 원 인	권 리 자 및 기 타 사 항
14	11번주식회사현대알앤디지분198.4분의 145.5 중 일부(992분의66)이전	2014년7월9일 제31402호	2014년7월4일 매매	
15	11번주식회사현대알앤디지분198.4분의 132.3 중 일부(992분의69)이전	2014년7월9일 제31403호	2014년7월4일 매매	
16	11번주식회사현대알앤디지분198.4분의 112.5 중 일부(992분의165.5)이전	2014년7월9일 제31404호	2014년7월4일 매매	
17	11번주식회사현대알앤디지분992분의 39.7 중 일부(992분의33)이전	2014년7월15일 제32294호	2014년7월4일 매매	
18	11번주식회사현대알앤디지분248.3분의 91 중 일부(992분의99)이전	2014년7월17일 제32688호	2014년7월4일 매매	

열람일시 : 2015년01월20일 16시04분55초

[토지] 전라북도 군산시 대야면 산월리 ▮▮▮▮▮   고유번호 ▮▮▮▮▮

순위번호	등 기 목 적	접 수	등 기 원 인	권 리 자 및 기 타 사 항
19	11번주식회사현대알앤디지분992분의 265 중 일부(992분의133)이전	2014년7월17일 제32689호	2014년7월4일 매매	
20	11번주식회사현대알앤디지분248분의 33 중 일부(992분의33)이전	2014년7월25일 제34117호	2014년7월4일 매매	
21	11번주식회사현대알앤디지분992분의 99 중 일부(992분의33)이전	2014년7월25일 제34118호	2014년7월4일 매매	
22	11번주식회사현대알앤디지분전부이전	2014년8월14일 제37400호	2014년7월4일 매매	

열람일시 : 2015년01월20일 16시04분55초

　　같은 해 7월부터 경기도 부천, 전북 익산, 경기도 안양, 대전 서구, 대전 유성구 등에 거주하는 많은 사람들이 적게는 2천만 원에서 많게는 5천만 원까지 이 토지의 공유지분을 매입하였다. 모두 기획부동산에 속아 사기를 당한 것이다. 이 사람들은 왜 이런 사기를 눈치채지 못했을까? 사기를 치는 쪽이 워낙 교묘하기도 했겠지만, 이 땅을 개발해서 팔겠다는 곳이 어떤 곳인지도 살펴보지 않은 실책이 있었다고 생각된다. 투자 규모로 미루어 짐작건대 상대적으로 적은 돈이어서 쉽게 함정에 빠졌다고 볼 수 있다. 기획부동산 사기는 통상 쉽게 접근이 가능한 적은 금액으로 투자를 유도하는 방식을 쓰기 때문에 금액이

적다고 해서 무시할 게 아니라 더욱 조심해야 한다. 이들 중 상당수는
전화상으로 제안을 받고 가계약금에 해당하는 1~2백만 원씩 투자를
시작했을 것이다. 바로 거기에 함정이 있는 것이다.

● 기획부동산에도 트렌드가 …

최근에 기획부동산 사기는 더욱 교묘해지고 있다. 이제는 진부해진
전원주택 대신 대도시 한가운데서, 매매도 아닌 전세로도 기획부동산
사기가 일어나고 있다. 기획부동산도 이른바 트렌드가 있는 것이다.
"나는 여윳돈도 없고 사기 당할래야 당할 돈도 없다."고 생각하지
말고, 전세금으로도 사기를 당한다는 사실을 기억해야 한다.

부동산 투자시 쉽게 빠질 수 있는 기획부동산의 함정을 사례를 통해
살펴보았다. 지금 이 시간에도 누군가는 부동산으로 사기를 치고 있고
또 당하고 있다. 기획부동산 사기는 돈이 많은 사람이든 적은 사람이든
모두를 대상으로 한다는 점을 기억하는 것이 좋겠다.

3 수익형 부동산의 가격 상승률

● 아파트 가격 폭등

구분	2014년 12월(A)	2019년 11월(B)	시세차익 (B-A)	자본수익률 [(B-A)/A]
반포 래미안퍼스티지 (전용 84㎡, 2009년)	14억 원	28억 원	14억 원	100%
압구정 현대6차 (전용 157㎡, 1979년)	22억 원	37억 원	15억 원	68.18%
마포 공덕자이 (전용 84㎡, 2015년)	8.5억 원	13억 원	4.5억 원	52.94%
수서 신동아 (전용 40㎡, 1992년)	3.8억 원	9.5억 원	5.7억 원	150%

최근 4~5년간 서울 수도권과 일부 지방 광역시의 아파트 가격은 매우 큰 폭으로 상승했다. 예를 들어 대한민국에서 가장 비싼 아파트 중에 하나인 반포 래미안퍼스티지의 경우, 전용 84㎡의 아파트가 2014년 12월 14억 원이던 것이 2019년 11월에 28억 원까지 올랐다. 정확히 5년만에 2배가 된 것이다. 압구정 현대아파트 전용 157㎡는 같은 기간 약 70%, 마포의 공덕자이는 53% 올랐다. 모두 일반적으로 주거 선호가 높은 지역이다. 놀라운 사실은 수서 신동아아파트 전용

40㎡의 경우 같은 기간 래미안퍼스티지 보다 1.5배 더 올라 150%나 상승했다는 점이다. 개발 호재와 소형평형이라는 점 때문인 것으로 보인다. 어쨌든 아파트 가격은 정말 폭등에 가깝게 올랐다.

- 서울특별시 서초구 서초동　　　　번지
- 토지면적 : 114평(일반상업지역)
- 2002년 28.17억원(대지평당 2,400만원)
- 2020년 200억원(대지평당 1.8억원)

　* 출처: 등기부등본 및 주변 매매사례가액

　그러면 서울의 빌딩은 어땠을까? 사진 속 건물은 양재역 인근 강남대로 대로변에 있는 건물이다. 2002년도에 약 28억 원이던 이 건물은 2020년 기준 약 200억 원이다. 약 7배 정도가 올랐다. 기간이 약 18년으로 투자기간이 더 길어서 그런 것 아니냐고 할 수 있는데, 그렇지 않다. 앞서 보았던 아파트 중 압구정 현대6차의 경우 2002년에 약 9억 원, 현재 시세 37억 원으로 약 4배가 올랐는데, 양재역의 이 빌딩은 같은 기간 동안 7배 이상 오른 것이다.

- 서울특별시 용산구 한남동
- 토지면적 : 63.4평(준주거지역)
- 2006년 19.4억원(대지평당 3,000만원)
- 2020년 약 80억원(대지평당 1.3억원)
  * 출처: 등기부등본 및 주변 매매사례가액

　다음 건물은 한남동 한강진역 인근의, 이른바 꼼데가르송길이라고 불리는 곳이다. 토지 63평의 이 빌딩은 2006년 약 19억 원이었는데, 2020년 기준 시세는 약 80억 원 이상을 호가한다. 14년간 4배 이상 오른 것으로, 차익은 세전 60억 원이나 된다. 대출 50%를 고려하면 자기자본 10억 원으로 60억 원을 번 것이다.

- 서울특별시 서초구 잠원동
- 토지면적 : 163.23평(일반상업지역)
- 2006년 114억원(대지평당 7,000만원)
- 2020년 약 400억원(대지평당 2.5억원)
  * 출처: 등기부등본 및 주변 매매사례가액

끝으로 잠원동에 위치한 이 빌딩은 2006년 114억 원이었다. 강남대로의 시작점인 신사역에서 논현역으로 넘어가는 언덕 대로변에 위치해 있는 일반 상업지역이었다. 2020년 현재 이 건물은 약 400억 원 정도 한다. 상승률로는 3.5배에 그쳤지만, 신사역이 지금 신분당선 공사 중인 걸 감안하면 앞으로의 가격 상승 여력은 높다고 할 수 있다.

총 3건의 서울 수익형 부동산 사례를 보면, 최근 아파트 가격이 급등했다고는 하지만 빌딩투자의 수익률에 비할 바는 안 된다는 점을 알 수 있다. 다만 "서울의 빌딩 투자가 아파트보다 무조건 큰 수익을 낸다."라고 단정해서는 안되긴 한다.

● 아파트보다 큰 수익, 하지만 …

서울 이태원동에 위치한 경리단길은 나란히 붙은 점포 4곳이 비어있을 정도로 상권이 침체…

임대문의 현수막은 곳곳에서 쉽게…
(2019. 8. 11. 파이낸셜뉴스)

아파트분 아니라 수익형 부동산도 양극화·세분화 진행

흔들리는 상권과 흔들리지 않는 상권을 구별할 수 있어야

단기간에 상권이 빠르게 활성화되고 지가도 크게 상승한 곳 중 하나인 경리단길에 대한 신문기사와 사진이다. SNS를 중심으로 맛집과 상권이 입소문을 타면서 상권이 빠르게 성숙한 곳이다. 하지만

가파르게 상승한 만큼 하락도 빨랐다. 지금은 상권의 중심도로도 공실이 크게 늘어나면서 상권이 올라갈 때보다 더 빠르게 쇠퇴하고 있다. 아파트뿐 아니라 수익형 부동산시장도 양극화가 빠르게 진행되고 있는 것인데, 결과적으로 수익형 부동산 투자시에는 흔들리는 상권과 흔들리지 않는 상권을 구별해야 한다는 점을 알 수 있다.

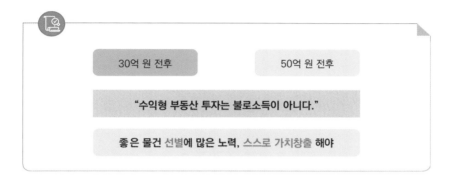

다양한 수익형 부동산의 투자방식을 단순화시키긴 어렵지만, 금액을 기준으로 나누자면 총 투자금액 기준으로 30억 원 전후 물건과 50억 원 전후 물건으로 구별된다. 좋은 지역의 아파트 한 채 값이 30억 원에 육박하면서 현재 30억 원 전후 빌딩은 이른바 경쟁이 심한 시장이 되었다. 50억 원 전후 또는 그 이상의 경우에도 매수 쪽의 경쟁은 치열하다. 다만 상대적으로 30억 원 전후 시장보다는 좀 나은 편이다. 무엇보다 수익형 부동산에 대한 투자는 결코 불로소득일 수 없다는 점을 명심해야 한다. 좋은 물건을 선별하는 데에도 생각 이상으로 많은 노력이 필요하며 대부분 그냥 앉아 있다고 가치가 올라가지는 않는다는 사실을 잊지 말자. 수익형 부동산도 스스로 가치를 창출할 수 있어야 진짜 투자가 될 수 있다. 그것은 리모델링부터 임차인 개선 등 다양한 방법으로 노력을 기울임으로써 비로소 나타날 것이다.

이번 편에서는 아파트의 가격 상승과 비교한 서울 빌딩의 가격 상승을 사례로 살펴보고 세상에 공짜는 없다는 점, 수익형 부동산 투자도 마찬가지라는 점을 알아보았다. 큰 금액을 투자해야 하는 만큼 결코 가벼운 마음으로 쉽게 접근해서는 안됨을 명심하기 바란다.

4 수익형 부동산의 트렌드

부동산을 볼 때는 물론 입지가 가장 중요하다. 하지만 최근에 이 입지와 함께 나타나고 있는 특징 중 하나가 바로 트렌드이다.

혹자는 이런 말을 한다. "현대 한국에서 태어난 이상 무슨 일을 하든 죽을 때까지 공부해야 살아남을 수 있다.", "죽을 때까지 공부해라." 요즈음 나타나는 트렌드 현상이 바로 이런 한 가지 예가 아닌가 싶다. 요즘은 모든 분야, 모든 일이 다 빠르게 변하고 있다. 바뀌는 트렌드를 쫓아가려면 끊임없는 공부가 필요하다. 전원주택에도 트렌드가 붙는가 하면 트렌드를 보는 방법을 설명한 책까지 나와 있다.

그러면 트렌드 현상은 수익형 부동산시장에서는 어떻게 나타날까? 왼쪽 사진은 신촌역 로터리에서 연대방향 신촌역 상권이다. 강북 최대의 상권 중 하나였던 이곳은 여러 노력에도 불구하고 현재 상권이 다시 회복되지 못하고 있다. 반면 우측의 사진은 홍대입구로, 클럽과 거리공연, 유흥에서 VR과 파티룸까지 빠르게 변화한 트렌드가 거대 상권까지 옮겨놓은 가장 좋은 예이다. 아이러니한 것은 코로나19의 유행으로 인해 홍대 상권에도 차츰 변화와 이동이 생기고 있다는 점이다.

한편 트렌드의 변화는 명동과 같은 초대형 상권의 위상까지 흔들고 있다. 명동은 서울에서 가장 오래된 메가상권으로서 광복 이전부터 이어져 온 상권 중 하나이다. 수십 년간 대한민국에서 가장 땅값이 비싼 곳 중에 한 곳이다. 명동 한복판 땅값은 3.3㎡당 10억 원에 이른다. 이런 명동조차 온라인 시장의 성장에 따른 오프라인 매장의 매출 감소세 등 트렌드의 변화에 영향을 받는다. 거기에 중국의 한한령, 코로나19의 유행까지 겹치면서 위상이 더 흔들리고 있기도 하다.

사진은 가로수길 상권의 발달 전 모습과 발달 후 모습이다. 소품과 액세서리를 팔던 작은 골목길이었던 가로수길은 인사동 예화랑의 이전과 패션학원의 입점을 필두로 기존 압구정로데오에서 옮겨온 맛집들이 활성화되면서 강남 제2의 상권으로까지 성장했다. 트렌드의 변화를 바탕으로 성장한 상권의 예이다. 주목할 점은 바로 이 가로수길의 상권 발달시기까지만 하더라도 상권의 발달주기는 10년이었다는 점이다. 즉 상권이 성장하는 데 10년, 정상에서 10년, 하락하는 데에도 10년이 걸렸다.

그런데 상권의 트렌드 주기가 과거 10년에서 5년으로 짧아지더니 최근에는 채 2년도 안 되고 있다. 즉 성장하는 데 2년, 정상에서 2년, 하락도 2년으로 짧아진 것이다. 경리단길이 이런 경향을 가장 극명하게 보여주고 있다.

트렌드는 재빨리 다른 곳으로 옮겨가는 모습을 보이고 있다. 수익형 부동산시장에서 트렌드의 이동 속도가 빨라진 것이다. 사진은 망원동 망리단길의 빈 상가들 사진이다. 다만 망원역 주변 상권의 경우 지역과 입지에 따라 상권의 흥망이 다소 다르게 나타나고 있다는 점은 구분해야겠다.

※기사, 사진: 데일리안, 2020.1.7.

이번 편에서는 트렌드의 변화가 수익형 부동산에 어떠한 형태로 나타나는지, 그리고 변화의 핵심이 무엇인지를 살펴보았다. 부동산시장에서 트렌드의 변화와 트렌드 주기의 변화가 가져오는 시사점을 충분히 새겨두어야겠다.

부동산 투자 그렇게 하는 거 아니야

Chapter 5

세금을 알지 못하는 사람들을 위한 조언

1 우리가 내는 세금의 종류

우리는 살면서 많은 세금을 내고 있다. 소득세에 대한 연말정산을 할 때나 매년 5월 종합소득세를 낼 때, 그리고 부가가치세 과세사업을 하시는 분들은 부가가치세를 납부할 때 직접적으로 세금을 느낀다. 하지만 일반 소비자로서 물건을 사면서, 서비스를 받으면서도 세금을 내고 있다는 사실은 간과하기 쉽다. 따라서 세금을 잘 알려면 그 구조를 먼저 파악하는 것이 중요하다.

사실 우리가 내는 세금이 아무리 다양해도 우리한테는 다 똑같은 세금일 뿐이다. 하지만 그 체계를 알아두는 것이 세금을 이해하는 데 도움이 될 것이다. 세금은 체계상 국세와 지방세로 나눠진다. 국세와 지방세는 어떻게 다르고 어떤 세금 종류가 있을까?

● 국세

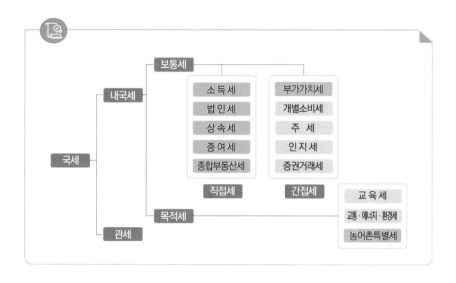

먼저 국세부터 알아보자. 국세와 지방세를 구분하는 기준은 세금을 부과하는 주체가 중앙정부인지 지방자치단체인지이다. 따라서 국세는 중앙정부가 부과하는 세금이라고 이해하면 된다. 실무적으로 더 쉽게 이해하자면 국세는 국세청과 세무서에서 처리하는 것이라고 볼 수 있다. 물론 국세에는 세무서, 국세청에서 처리하는 내국세 외에 관세청에서 처리하는 관세도 있다. 그런데 관세는 무역과 관련해서 발생하는 세금이니 여기서는 논외로 하겠다. 내국세는 다시 목적의 유무에 따라 보통세와 목적세로 나누어진다. 그 의미상 목적세는 걷은 세금의 지출 목적이 특정한 항목으로 정해져 있는 것을 말한다. 즉 교육세는 교육과 관련된 곳에, 농어촌특별세는 농·어업의 경쟁력 강화와 농어촌 산업 기반시설 재원에 쓰인다. 이에 반해 보통세는 지출의 목적이 특정되어 있지 않은 그 외 모든 세금을 말한다.

보통세는 다시 해당 세금을 부담하는 주체와 납세의무자가 같은지 다른지에 따라 직접세와 간접세로 나누어진다. 직접세에는 소득세, 법인세, 상속세, 증여세와 종합부동산세 등 우리에게 익숙한 대부분의 세금이 여기에 해당된다. 간접세에는 부가가치세와 개별소비세, 주세, 인지세, 증권거래세가 있다. 표에서 하늘색 박스로 표시된 것이 국세 중에서 부동산과 관련된 세금의 항목이다. 따라서 이 세금이 상대적으로 중요하다고 할 수도 있겠다. 우리가 내는 세금 중 국세만 하더라도 이렇게 많은 세금의 종류가 있다는 사실이 놀라운데, 이 중에서 순전히 개인의 선택과 의지만으로 하나도 내지 않을 수 있는 세금이 한가지 있다. 바로 주세이다. 술을 한 잔도 소비하지 않으면 주세는 내지 않는다.

● 지방세

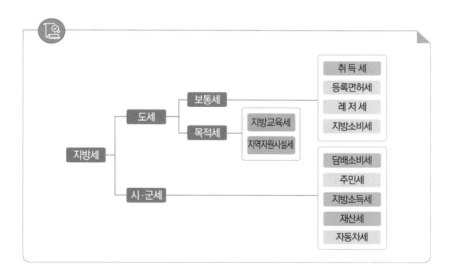

그러면 지방세에는 어떤 것들이 있을까? 지방세는 다시 광역
지자체가 부과하는 도세와 기초지자체가 부과하는 시 · 군세로 나눠
진다. 총 11개 세목이 있는데 이 중 부동산과 관련된 세금은 취득세,
지방교육세, 지역자원시설세, 재산세이다. 국세보다는 중요한 세금이
조금 적다.

● 절세와 탈세

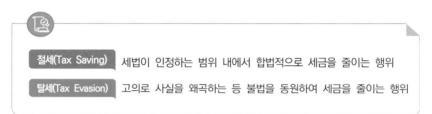

| 절세(Tax Saving) | 세법이 인정하는 범위 내에서 합법적으로 세금을 줄이는 행위 |
| 탈세(Tax Evasion) | 고의로 사실을 왜곡하는 등 불법을 동원하여 세금을 줄이는 행위 |

넓게 보면 세금을 줄이는 방법은 2가지 '절세'와 '탈세'가 있다.
절세든 탈세든 둘 다 일단 세금이 줄어든다는 점은 같다. 그런데 절세란
세법이 인정하는 범위 내에서 합법적으로 세금을 줄이는 것을 말하는
반면 탈세란 고의로 사실을 왜곡하는 등 불법을 동원하여 세금을
줄이는 행위를 가리킨다. 탈세의 경우 당장의 세금은 줄어들 수 있어도
적발될 경우 신고불성실 가산세 40%와 일일 1만분의 2.5의 납부불성실
가산세가 붙는다. 자칫 배보다 배꼽이 더 커질 수 있는 것이다. 결국
합법적인 절세가 답이라고 할 수 있다. 우리가 세금을 줄이기 위해
고민해야 하는 부분은 바로 이 절세의 상황을 어떻게 만들어 낼 것인가
하는 것이다. 법이 정한 테두리 내에서 절세의 방법을 최대한 활용하고
그 범주를 넘어서면 정상적으로 세금을 내면 된다. 이익이 있어야

세금이 부과되는 것이고 이익이 없다면 애초에 세금도 발생하지 않았을 것이다. 적정한 이익을 얻었다면 정상적인 범주에서의 세금은 즐거운 기분으로 내야 한다.

● 단계별 주요 부동산 세금

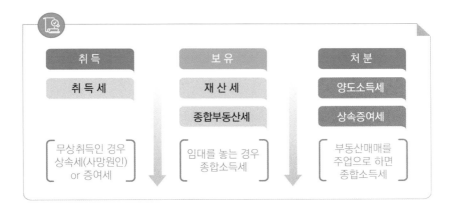

그럼 이번에는 여러 종류의 세금 중 부동산과 관련된 세금은 단계별로 어떻게 발생하는지 알아보자. 부동산은 취득, 보유, 처분의 단계를 거치게 되는데, 취득시 취득세가 발생한다. 취득세에는 지방교육세와 농특세 등 딸려있는 세금이 더 있다. 취득방법이 무상취득이라면 상속세 또는 증여세도 내게 된다. 부동산을 취득하여 보유하는 동안에는 재산세와 종합부동산세, 그리고 여기에 딸린 세금이 부과된다. 지방교육세와 농특세 등이다. 보유하고 있는 동안 임대를 놓아 소득이 발생하면 종합소득세, 임대소득세를 내야 한다. 보유하던 부동산을 처분할 때는 돈을 받고 판다면 양도소득세를 내야 하고 매매한 게 아니라면 상속세나 증여세를 내야 한다. 물론 상속세와 증여세는 재산을 받은 사람이 내게 된다. 돈을 받고 팔기는 했는데 일시적, 일회적인 것이 아니고 부동산을 사고 파는 것을 주업으로 하는 것이라면 양도소득세가 아니라 종합소득세 항목으로 내게 된다.

이상 우리가 내는 세금의 각 종류, 그 중에서도 부동산과 관련된 세금은 부동산의 거래단계별로 각각 어떻게 부과되는지 알아보았다. 부동산을 투자할 때는 세금을 줄일 수 있는 방법을 고려해야 하는데 이때는 항상 절세의 범주, 즉 합법적인 방법이어야 한다. 탈세도 세금이 줄어들지만 이는 법을 위반하는 것이다. 법을 위반하면서까지 투자를 한다면 마음이 불편해질 수밖에 없다. 그리고 마음이 불편한 투자는 투자가 아니다. 어쨌든 부동산 투자를 할 때, 그리고 투자가 아니라 실거주의 목적으로 부동산을 살 때에도 이제 세금이 중요하다는 사실을 기억하는 게 좋겠다.

2 세금을 몰라서 큰일 날 뻔했다

A씨는 경기도 고양시 일산 동구에 본인 소유의 주택에서 거주하고 있었다. A씨는 북촌 상권이 활황이던 2012년 초 서울 안국동에 있는 한옥 상가건물 1채를 구입하였다. 매입 당시 이미 상가로 개조되어 전 소유자도 상가건물로 임대하던 상태였고 세입자도 상가 사업자

등록을 한 것으로 객관적으로 상가건물, 근린생활시설에 해당하는 것이었다. 살 때부터 상가인 상태였으니 A씨도 부동산 임대로 사업자 등록을 냈고, 상가를 샀다고만 생각했다. 상가 구입 후 A씨는 본인의 일산 소유 주택을 8억 원에 양도하고 종로구 내수동으로 이사했다. 일산의 아파트를 양도한지 2년 후에 A씨는 세무서로부터 양도세를 신고하라는 안내를 받았다. 본인은 집이 1채뿐이었고 2년 이상 보유한 것이었는데 양도세를 내라는 안내에 매우 놀랐다. 확인해보니 A씨 명의로 일산과 안국동에 각각 1채씩 2채의 집이 있으니 만약 비과세라면 이를 조사할 수 있게 소명하라는 것이었다.

대장종류	대지위치	건축물명칭	동명칭 및 번호	주용도	연면적(㎡)
일반건축물(주건축물)	안국동			주택, 근린생활시설	116.63

※ 위의 목록에서 건축물을 선택하시면 상세정보를 열람하실 수 있습니다.

① 건축물정보

대지위치	종로구 안국동				지번	
용도지역			용도지구		구역	
대지면적	0㎡	연면적	116.63㎡	명칭 및 번호		
건축면적	0㎡	용적률 산정용 연면적	0㎡	건축물수		동
건폐율	0%	용적률	0%	총호수	0세대.호/1가구	
주용도	주택, 근린생활시설	주구조	목조	부속건축물	1동 3.64㎡	
허가일자		착공일자		사용승인일자	1965-12-25	
위반건축물 여부	해당없음	특이사항				

② 층별현황

구분	층별	구조	용도	면적(㎡)
지하	지하층	목조	단독주택(보일러실)	14.3
지상	1층	목조	주택	78.66
지상	1층	목조	근린생활시설(일반음식점)	20
지상	1층	세멘벽돌조	물치	3.64

부랴부랴 확인해보니 상가라고만 생각하고 있던 안국동 물건의 건축물대장이 단독주택으로 되어 있었다. 중개를 한 부동산에 확인해보니 본인 기억에는 없지만 중개대상물 확인설명을 할 때 다 표시되어 있고 안내했다는 말뿐이었다. 생각해보니 계약을 할 때 등기권리증과

등기부등본만 확인하고 다른 서류는 제대로 보지 않았었다. 지금 보니 명백히 주택으로 표시되어 있긴 한데, 분명히 상가인데 왜 이렇게 표시되어 있는지 의문스러웠다. 게다가 본인도 사업자등록을 상가로 냈고 부가가치세도 신고를 해왔으니 세무서끼리 서로 확인하면 될 것 같았는데 조사얘기가 나오니 당황스럽기도 했다.

표면상 분명히 상가니까 세무서에서 알아서 해결해주길 바라는 마음이 들 수 있겠지만, 원칙적으로 세금에 대한 신고상 "비과세가 맞다."고 확정하려면 이를 주장하는 쪽에서 입증을 해야 한다. 서류상으로는 분명히 주택으로 되어 있기 때문이다. 결과적으로 A씨는 여러 가지 입증을 통해 일산의 집은 비과세를 받았지만 이 과정에서 시간적·금전적 손실이 생길 수밖에 없었다.

부동산을 거래할 때 대부분의 사람들이 겉으로 보이는 것만 신경쓰는 경우가 많다. 사실 부동산 거래에서 등기부등본보다 더 중요한 서류들이 많음에도 불구하고 그렇다. 결과적으로 문제는 해결되었지만 애초에 매입할 때부터 이러한 사실을 인지하고 미리 대비를 했다면 세무서와 다툼을 벌일 일도 없었을거라는 점이 아쉽다. 부동산을 거래할 때는 등기권리증이나 등본보다 더 중요하게 확인해야 하는 것이 있다는 사실을 잊지 말아야겠다.

3 세법을 몰라서 폭탄을 맞았다

대치동 아파트 + 12년 전 선친으로부터 받은 안성의 농지(본인 생각)를
보유하던 중 대치동 아파트 팔았음.

- 선친으로부터 경기도 안성 소재 토지 상속
- 상속받은 시점부터 현재까지 한 번도 가 본 적이 없으며 농지를 상속받은 것으로 이해하고 있었음
- 해당 토지는 마을 농민에게 쌀 한 가마를 받고 임대 주다가 그 후 방치되고 있었음

아파트를 팔 경우 어떠한 문제가 발생하게 될까요? 해결책이 있을까요?

위 아파트와 토지의 소유자는 유복한 집안에서 나고 자랐다. 50대 초반의 커리어우먼으로 건축디자인을 전공한 싱글이며 회사를 운영하고 있는 대표이기도 했다. 살면서 크게 굴곡진 일을 겪은 바도 없고, 억울하다고 생각하는 일을 겪은 적도 별로 없었다. 안정적으로 운영되는 본업이 있었기 때문에 부동산에도 크게 관심은 없었다. 대치동에 본인이 거주하던 아파트 1채가 있었고, 본인이 기억하기로는 오래전에 아버님께서 돌아가시고 경기도 안성에 땅을 물려받은 바 있었다. 그러던 중 이사를 가게 되어 대치동 아파트를 팔았는데, 결과적으로 한발 늦은 상태가 되었다. 상담을 했을 때는 이미 대치동 아파트를

매도하고 잔금까지 치른지 1년 반이 지난 후였다. 이 고객에게는 어떤 문제가 생겼을까?

대치동 아파트를 판지 한참 후에 세무서로부터 연락이 온 것이다. 세무서 안내의 핵심은, 집이 2채인 상태에서 대치동 아파트를 판 것으로 보이므로 대치동 아파트에 대한 양도세를 신고하고 납부하거나 아니면 1주택 비과세라는 사유를 입증하라는 것이었다. 통지를 받고 담당PB 팀장에게 문의를 하였고 상담을 하게 되었다. 이야기를 들어보니, 이 사람은 통지를 받을 때까지도 본인은 분명 대치동 아파트 1채만 가지고 있고, 안성의 토지는 농지인 것으로만 알고 있었다는 것이다.

경위를 따져보니 선친 사망시 선친의 서울 집은 남동생이 상속을 받았고, 여동생은 제주도의 토지와 집, 본인은 약간의 예금과 함께 안성의 땅을 물려받은 것이었다. 선친 명의의 토지가 여러 곳이어서 당시 변호사가 상속에 대한 전반을 정리해줬고 장례 후 안성의 토지 관련된 서류를 받았으나 자세히 살펴본 적은 없었다. 그동안 본인의 사업이 워낙 바쁘기도 했고 얼마 안 되는 지방의 땅에 관심을 두지도 않았다. 놀라운 점은 상속 이후 이곳에 한번도 가본 적이 없다는 것이었다. 본인의 기억으로는 선친 사망 전부터 경기도의 땅을 경작하던 사람이 별도의 임차료 대신 1년에 한두 번씩 농사지은 곡식을 보내오고 있었기에 농지라고만 생각한 것이었다. 그 후 고객과 함께 현장을 확인해보니, 이 고객이 막연히 짐작하고 있었던 것과는 달리 안성의 토지 위에는 낡은 집이 한 채 있었다. 결국 세무서에서는 이 집 때문에 대치동의 아파트가 비과세 대상이 아니라고 판단했던 것이다. 당사자 입장에서는 매우 억울한 상황이었다. 게다가 본인이 느끼기에는 해당 공가가 집이라고 할 수 있는 상태가 아닌 것으로 보였다. 하지만 외관상 공가로 비워둔 지 오래되긴 했으나 골조는 그대로 유지가 된 상태였고, 도배와 장판 등의 수선만으로도 곧 집으로 쓸 수 있는 상태였다. 다만 오랫동안 비어있어 전기와 수도 연결은 끊긴 상태였다.

세법상 공가에 대한 판단은 실질과세의 원칙에 의해 이루어지게 되는데, 만약 장기간 공가로 방치한 경우 공부상 주거시설로 되어 있다면 폐가, 즉 집으로 볼 수 없는 상태인지 여부는 사실관계를 입증 해야 한다. 전기와 수도 등이 끊기고 오랫동안 집이 비어있었던 것은 사실이나 대개의 경우 전기와 수도는 언제든지 쉽게 다시 연결할 수 있고, 도배와 장판 등 간단한 수선만으로도 집으로 쓸 수 있는 상태라면 폐가로 인정되지 않는다.

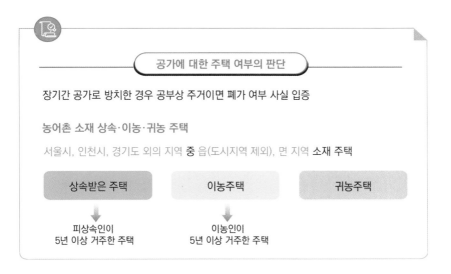

공가에 대한 주택 여부의 판단

장기간 공가로 방치한 경우 공부상 주거이면 폐가 여부 사실 입증

농어촌 소재 상속·이농·귀농 주택

서울시, 인천시, 경기도 외의 지역 중 읍(도시지역 제외), 면 지역 **소재 주택**

상속받은 주택	이농주택	귀농주택
↓	↓	
피상속인이 5년 이상 거주한 주택	이농인이 5년 이상 거주한 주택	

물론 이외에도 농어촌지역에 소재한 상속, 이농, 귀농주택 중 하나에 해당한다면 역시 다른 주택의 비과세 판단 시에 제외될 수 있으나 이 건은 거기에도 해당되지 않았다. 이 주택이 경기도에 위치해 있었기 때문이다. 상속, 이농, 귀농주택에 해당되면 주택 수에서 제외될 수 있지만 이는 서울·인천·경기도가 아닌 지역 중 읍·면 지역에 있어야 하기 때문이다. 안성과 같은 경기도의 경우에는 읍·면 지역에 있다 하더라도 비과세 판단 시 주택 수에서 제외될 수 없는 것이다. 본인이 대치동 아파트를 팔기 전에 안성에 있는 부동산의 현황을 파악만 하고 있었어도, 대치동 아파트를 양도하기 직전에 안성의 공가를 부수고 멸실 신고했다면 대치동 아파트는 이상 없이 비과세를 받을 수 있었다. 결과적으로 수억 원에 달하는 양도세를 낼 수밖에 없는 상황이 되었다. 부동산을 양도할 때는 항상 양도가 끝난 다음, 즉 일이 벌어지고 난 다음에는 절세할 수 있는 방법이 그렇게 많지 않다. 상담을 조금만 일찍 했더라면 해결 가능했을 일을 한발 늦게 파악하여 손해를 보게 된 사연이었다.

　세법은 대개 우리의 상식에 부합하게끔 구성되어 있지만, 공가나 폐가에 대한 것과 같이 우리의 막연한 생각과는 다르게 판단되는 일도 있으니 주의가 필요하다. 사소한 차이가 큰 금전적 손실로 이어질 수도 있다는 사실을 기억해 둘 필요가 있겠다.

4 부동산 투자를 할 때 세금이 미치는 영향

2012년이었다. 아는 분께서 전화로 말하길 "팀장님 이 아파트 어때요?"라고 하는 것이었다. 구로구 개봉동이라는 지역에 새로 분양하는 아파트였다. 전용 84㎡의 1,000세대 넘는 단지였는데 2012년 말은 금융위기부터 이어진 경기침체로 서울에서도 곳곳에 미분양이 발생하던 때였다.

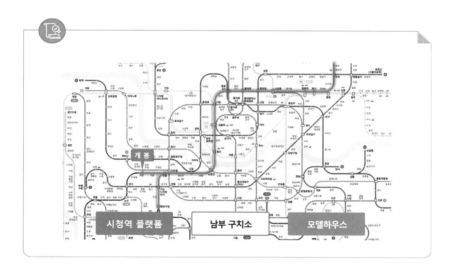

개봉동이라는 지역은 1호선이 지나는 곳으로 서울인데도 불구하고 그리 익숙한 동네는 아니다. 북쪽 동두천시에서 시작한 1호선이 의정부, 청량리를 지나 동대문, 종로, 종각을 거쳐 시청역과 용산역을 지나가는데, 신도림을 지나 구로역에서 1호선은 두 갈래로 갈라진다.

하나는 금천, 수원을 거쳐 천안 온양까지 내려가고, 또 다른 하나는 부천을 거쳐 인천으로 간다. 이 미분양 물건은 인천 방향으로, 구로역 다다음 역인 개봉역 인근에 위치해 있다. 즉 1호선으로 가자면 지하철 2대 중 1대만 가는 곳이니까 구로역 안쪽보다 교통 편의성이 조금 떨어진다. 어쨌든 새로 분양하는 아파트니까 모델하우스에 방문한 것이었다.

이 고객에게 "분양 받으시려구요?" 하고 물어봤더니 하는 말이 "실은요, 주말에 계약했어요."라고 하는 것이다. 이미 계약을 하고 와서 물어봤으니 "어쨌든 사셨으니 잘하셨다."고 할 수밖에 없었다. 미분양 물건이기 때문에 나중에 팔 때 양도세 감면을 받을 수도 있고, 다른 주택을 또 사서 팔더라도 집 수에서 빠질 수 있는 혜택이 있다는 걸 나는 알고 있었기 때문이다.

결국 이 고객은 개봉동으로 입주를 했다. 어느 날 이 고객에게서 다시 연락이 왔다. 아주 작은 목소리로 "팀장님, 여기는 어때요?"하고 물었다. 해서 "한 채 더 사시게요?"라고 물어보니 "어떡해요. 이미 샀어요!"라고 하는거다. 때는 2016년 11월이었고, 경기도 광명시의 재개발 지역에 있는 빌라였다. 이미 또 계약을 해놓고 물어봤으니 "어쩌겠습니까, 잘 하셨어요."라고 말했다. 앞서 설명한 것과 같이 개봉동은 감면주택이고 다른 집을 사서 팔아도 비과세를 받을 수 있으니까 말이다. 대신 "앞으로는 이미 사놓고 물어보시려면 전화하지 마세요."라고 말했다. 이 고객도 "정말 정말 명심하겠습니다."라고 하셨다.

또 시간이 흘러 이 고객이 이번에는 "팀장님, 이 아파트는 어때요?" 하고 물었다. 광명에 있는 기축 아파트였다. 해서 "또 사시게요?" 라고 했더니 "어떡해요~ 이미 샀어요."라고 하시는 거다. 2017년 4월 이었고 경기도 광명에 있는 아파트였다.

사실 이때는 미리 전화를 했었다. 그런데 내가 그때 하필 유럽 출장 중이라 통화 연결이 되지 않았던 터라 이 고객은 부동산에 좀 더 고민 하겠다고 말했다. 그런데 2017년 4월은 본격적으로 수도권 아파트

가격이 상승하던 때였다. 고민해보겠다 하자 물건을 소개한 부동산 사장님으로부터 연락을 받은거다. "사모님 이거 안 사셔도 좋습니다. 그런데 안 사실 거면 빨리 결정해주세요. 뒤에 기다리는 사람이 많거든요."라고. 때문에 결국 가계약금을 보내놓았던 거다. 그런데 이번에는 도저히 잘했다고 할 수가 없었다. 세금이 꼬였기 때문이다.

● 일시적 2주택 비과세

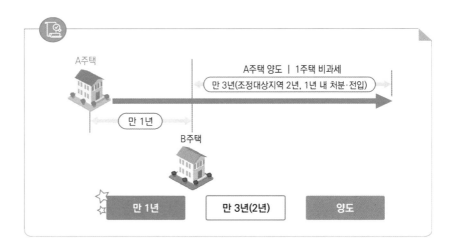

우리가 1주택 비과세를 받으려면 '거주자의 세대가 국내에 1개의 주택을 2년 이상 보유하다가 팔면 된다. 2018년 8월 2일 이후 조정대상 지역에서 취득한 경우에는 보유기간 중 2년 이상 거주하면 된다. 그런데 예외적으로 2주택 비과세를 받을 수 있는 경우가 있다. 일시적 2주택 비과세인데, 구체적으로 첫번째 집을 산 때로부터 만으로 1년이 지나서 두번째 집을 사고 두번째 집을 산 때로부터 3년 안에 첫번째 집에 대해 비과세요건을 갖추고 양도하면 된다. 지금은 규제가 강화되어 조정대상지역인 경우에는 처분기간이 3년에서 2년으로 바뀌었다가 다시 1년 내 처분하고 전입까지 하는 것으로 강화되었다. 그리고 2022년 5월 10일을 기준으로 다시 2년으로 바뀐다. 비조정대상 지역은 지금도 원칙적으로 3년이다. 이사를 위해서 어쩔 수 없이 겹치는 경우를 위해 주어진 특례이다. 이 고객의 경우에는 감면주택인 개봉동을 빼고 광명빌라를 사고 채 1년이 되기 전에 한산아파트를 매입했기 때문에 특례를 쓸 수 없게 된 실수가 생긴 거다.

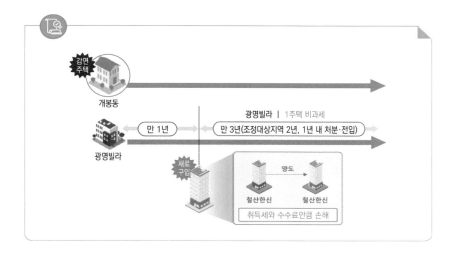

어쨌든 일은 벌어졌으니 해결책을 찾아주어야 하는데, 우선 뒤에 구입한 아파트를 다시 되파는 방법이 있다. 팔고 나서 회수된 자금을 잘 가지고 있다가 광명빌라를 구입한 때로부터 만으로 1년이 되는 시점에 다시 사면된다. 다만 사자마자 바로 팔아야 되는 상황이라서 취득세와 수수료만큼 손해를 봐야 한다.

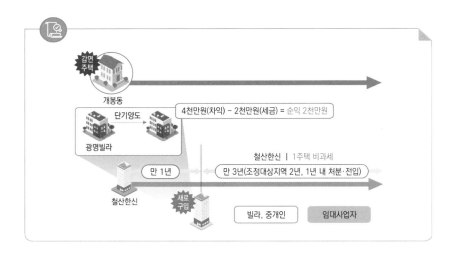

또 다른 방법은 광명의 빌라를 파는 것이다. 마찬가지로 광명빌라를 팔고 돌아온 자금을 아파트 구입한 때로부터 만 1년 뒤에 새로 구입하면 된다. 나는 우선 당시에 빌라를 구입해준 중개인에게 전화해서 되팔아 줄 수 있는지를 물어보라고 했다. 아니나 다를까 산지 몇 개월 안 지났지만 한참 매수세가 붙어서 산 가격보다 4천만 원을 더 받고 팔아줄 수 있다는 회신이 왔다. 다만 광명빌라를 구입한지도 1년이 되지 않았기 때문에 단기양도에 해당되기 때문에 대략 절반 정도 세금으로 내게 된다. 어쨌든 투자기간 대비로는 괜찮게 되었다. 아울러 집 세 채를 유지할 수 있다면 임대주택으로 등록하는 것도 고려하도록 안내를 했다.

이 사례를 통해 말하고 싶었던 것은 무엇이었을까? 집을 사라? 1주택 비과세가 중요하다? 일시적 2주택이 중요하다? 모두 아니다. 부동산에 투자를 할 때는 반드시 세금을 고려하고 행동하라는 것이다. 이 경우엔 그나마 사는 것과 관련된 것이었지만 파는 것과 관련해서는, 이미 일이 다 끝난 다음에는 세금을 줄일 수 있는 여지가 없다. 전문가란 계획을 제안하는 사람이지 이미 다 끝나서 내야 할 것으로 정해진 세금을 안 내게 해주는 사람이 아니기 때문이다.

이번에는 집 3채를 투자한 고객의 사례를 중심으로 1주택 비과세와 일시적 2주택 비과세의 요건을 알아보았다. 아울러 부동산 투자를 할 때 어떤 일을 하기 전에 반드시 전문가와 상담을 받는 것이 좋다고 했다. 부동산과 관련된 규제가 점점 심해지고 있다. 세법도 마찬가지다. 부동산 투자 시 반드시 세금을 같이 고려하기 바란다.

5 상가겸용주택의 양도세

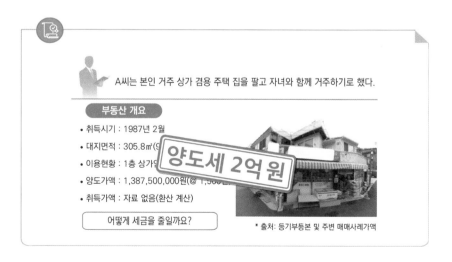

A씨는 본인 거주 상가 겸용 주택 집을 팔고 자녀와 함께 거주하기로 했다.

부동산 개요

- 취득시기 : 1987년 2월
- 대지면적 : 305.8㎡(9
- 이용현황 : 1층 상가9
- 양도가액 : 1,387,500,000원(@ 1,500만)
- 취득가액 : 자료 없음(환산 계산)

어떻게 세금을 줄일까요?

양도세 2억 원

* 출처: 등기부등본 및 주변 매매사례가액

사진 속에 보이는 것과 같은 주택을 우리는 흔히 "2층 양옥집"이라고 부른다. 1970년대부터 1980년대까지 전국적으로 많이 지어진 집의 형태인데, 우리가 어렸을 때 이런 집을 양옥집이라고 불렀다. 지금은 이런 집을 가지고 있다면 '부자'라고 부를 것이다. 지역에 따라 다르지만 꽤 큰 크기의 땅을 가지고 있기 때문이다. 이런 집의 경우 통상 집주인은 2층에 거주하는데, 오랫동안 소유하고 있었을 것이다. 원래는 1, 2층 모두 집으로 쓰다가 부모님은 돌아가시고, 자녀들은 출가하고, 주변의 환경이 바뀌면서 주택으로 쓰던 1층을 개조하여 상가로 임대를 놓은 형태이다. 정식 명칭은 상가겸용주택이라고 하고, 구조상 1층의 면적이 2층보다 크게 마련이다. 이런 집을 그냥 양도하게 될 경우, 주택은 9억 원까지 비과세가 되지만 상가는 전부 과세된다. 상가는 장기보유특별공제도 연 2%, 최대 30%에 불과하고, 토지도 각각 주택분 토지와 상가분 토지로 나눠지게 된다. 결국 상가의 면적이 더 크기 때문에 상가분에 대한 양도세가 꽤 크게 나온다.

1주택 비과세의 요건은 거주자인 1세대가 국내에 한개의 주택을 2년 이상 보유하고 양도하는 것이다. 참고로 조정대상지역 2017년 8월 2일 이후 취득한 것은 2년 이상 거주도 해야 한다.

자, 그런데 상가겸용주택에 대해서는 세법에 주의해야 할 부분이 있다. 상가겸용주택의 경우 주택의 면적이 상가의 면적보다 단 1이라도 더 크다면 상가를 포함한 건물 전체와 그 토지까지 전부 주택으로 봤다는 점이다. 중요한 점은 장기보유특별공제인데, 상가가 주택이 되면서 장기보유특별공제율이 연 2%, 최대 30%에서 연 8%, 최대 80%로 늘어나게 된다.

따라서 이런 집을 팔 때는 팔기 전에 주택으로 볼 수 있는 부분이 없는지 살펴봐야 한다. 통상 1층에서 2층으로 올라가는 계단은 건축물대장상으로는 1층 상가의 면적인 것처럼 표시되어 있지만 구조상 주택에서 전용하여 쓰는 경우가 많다. 그리고 옥탑의 물탱크실 같은 경우 상가와 주택에서 같이 사용하고 있다면 상가에는 상수도관을 직수로 연결할 수 있다. 이런 방법을 통해 실제로 주택으로 사용한 면적을 확보할 수 있다면 결과적으로 주택의 면적이 상가의 면적보다 더 커질 수 있고 결과적으로 전체를 주택으로 인정받을 수 있다. 이 과정에서 내가 고객에게 알려준 팁은 단 한 줄의 세법이었을 뿐이다. 그런데 그 한마디의 가치는 무려 1억8천만 원짜리였던 것이다.

다만 이 규정은 세법 개정으로 2021년 12월 31일까지만 가능한 방법이었다. 2022년 1월 1일 이후에는 주택의 면적이 더 커도 실제

주택부분만 비과세된다. 이미 바뀐 규정이니 배워봐야 소용이 없다. 하지만 중요한 사실이 있다. 상가겸용주택에 대한 이러한 변경은 전체 금액이 12억 원을 초과하는 경우에만 적용된다는 점이다. 여전히 12억 원 미만인 상가겸용주택이라면 전부 비과세를 받을 수 있는 여지가 남아 있다. 더 중요한 사실도 있다. 12억 원을 초과하는 고가의 상가 겸용주택에 대한 이러한 변경은 무려 2년 전인 2020년 2월 11일에 개정되었다는 점이다. 2020년 2월에 개정을 했지만 시장에 미치는 충격을 고려하여 2년여의 유예기간을 두고 2022년부터 적용하도록 한 것이다. 세법의 개정을 미리 알고 있었다면 처분 등 정리를 할 여유가 있었을 것이다. 모르고 있던 사람만 시기를 놓친 것이다. 이러한 상황이나 현상이 어디 상가겸용주택 한가지뿐일까? 세법은 알다시피 자주 변경된다. 이와 같이 유예를 두는 경우도 아주 많다. 이런 점을 놓치지 않기 위해선 항상 찾아보고 공부하는 자세가 필요하다.

　이번에는 우리 주변에 흔한 2층 양옥집의 절세 사례를 알아보았다. 비과세를 받기 위해서는 그 요건을 명확히 알아야 하고, 세법이 바뀔 때는 기준이 되는 날짜도 명확히 인지해야 한다. 배가 지나간 다음에는 손을 흔들어 봐야 돌아오지 않는 법이다.

6 절세의 비법, 쉬운 데 있다

흔히 절세의 비법이 아주 복잡하고 어려운 기술을 통해 이뤄진다고 생각한다. 하지만 절세의 비법은 의외로 어려운 데 있지 않고 쉬운 데 있다. 그런데도 많은 사람들이 절세하기가 어렵다고 느끼는 것은 어려운 것만 봐왔기 때문이다. 절세는 오히려 쉬운 데서 찾아야 한다.

압구정에 고가 아파트 1채+방배동 낡은 단독주택 1채를 보유한 A씨는 압구정 아파트를 팔려고 내놓은 상황이었다.

양도세 4억4천4백만 원

압구정 아파트 현안
- 7년간 직접 거주 · 보유
- 양도가격 17억 원, 취득가격 8억 원
- 142.14㎡(43평)

- 1977년 준공으로 노후
- 주변 지가상승 가능성 있고, 주택 임대수요는 높은 편

* 출처: 등기부등본 및 주변 매매사례가액

압구정에 아파트 1채, 방배동에 단독주택 1채를 보유한 고객과 상담한 사례이다. 이 고객은 사정상 압구정 아파트를 팔아야만 하는 상황이었다. 압구정 아파트는 오랫동안 본인이 직접 거주한 집이었고 양도금액 대비 취득가격이 낮은 상황, 즉 차익이 많이 난 상태였다. 그런데 다주택에 대한 양도세 중과로 인해 차익의 약 절반을 양도세로 내야 했다. 다행히 아파트를 팔기 전에 상담을 요청해왔다. 그러면

어떤 해법을 줄 수 있었을까?

해답은 의외로 간단한 데 있었다. 방배동의 단독주택을 부수는 것이다. 집으로 쓰는 건축물이 없어졌으니 이제 땅만 남았고 집은 아파트 1채가 되었다. 이를 통해 양도세는 1억7천4백만 원으로 줄어서 2억7천만 원을 절세할 수 있었다. 부순 집터에는 주변 여건에 맞게 상가건물을 짓거나 집을 다시 지으면 된다.

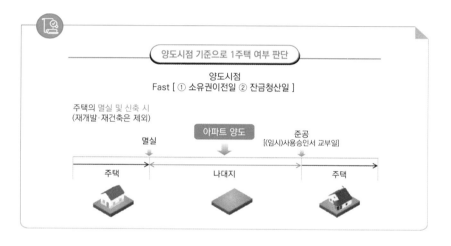

어떻게 보면 허무한 해법이기도 한데, 양도세는 양도시점을 기준으로 주택 수를 판단한다. 따라서 단독주택을 허물고 다시 짓기 전까지 그 사이에 압구정의 아파트를 양도하면 된다. 이때 양도시점이란 소유권 이전등기일과 잔금일 중 빠른 날을 의미한다.

논어에 '행원자이 등고자비(行遠自邇 登高自卑)'란 말이 나온다. 먼 곳을 갈 때는 반드시 가까운 곳에서 출발함과 같다는 뜻이다. 일반적으로 세법은 복잡하고 어렵다고 생각하는 경향이 있다. 어려운 것만 보고 어려운 것만 찾았기 때문이다. 절세의 비법은 의외로 단순한 데 있다는 점을 기억하면 좋겠다. 그리고 중요한 점은 양도세의 경우 반드시 실행하기 전에, 즉 팔기 전에 상담을 하고 방법을 찾아야 한다는 점이다. 계약이나 잔금이 끝난 다음에는 취할 수 있는 방법이 많지 않기 때문이다. 그리고 일단 방법이 명확할 땐 필요할 경우 집도 부수는 과감한 결단이 필요 하다. 이와 같은 포인트는 모두 절세의 범주 내에서 이뤄지는 것으로, 절대 탈세에 해당하는 것이 아니다. 그리고 항상 가까운 곳, 쉬운 곳에서 방법을 찾는 연습이 필요하다.

7 부동산 상속시 알아야 할 세금 문제

대치동에 거주하는 A씨와 서초동에 거주하는 B씨 남매, 선친으로 부터 반포 아파트와 경기도 외곽 아파트를 상속받게 되었다.

• 선친이 보유하던 주택 2채를 각각 나누어 1채는 오빠(A)가, 1채는 동생(B)이 상속받게 되었음

• 남매는 각각 2주택이 된 상황으로 이후 처분 등 정리가 필요하다고 생각하고 있음

명의의 안분이나 처분 등 정리시에 주의해야 할 점이 있을까요?

A씨와 B씨 남매는 각자 본인의 주택이 1채씩 있었다. 선친이 노환으로 사망함에 따라 큰 슬픔 속에 장례절차를 치르고 겨우겨우 마음을 추슬렀다. 이후 가족들이 모여 선친의 상속재산에 대한 정리를 논의하게 되었다. A씨는 상속주택의 경우엔 중과도 제외되는 등 여러 가지 혜택이 있다고 알고 있었다. 그런데 선친의 경우처럼 집이 2채 이상인 경우엔 2채가 다 그런 혜택을 받을 수 있는 것인지, 각 주택의 현재가치와 미래가치가 다 다른데 어떻게 재산을 안분해야 하는지 궁금한 상황이다.

상속주택이 여러 채이면 그 중 하나만	공동상속주택의 경우
① 피상속인이 소유한 기간이 가장 긴 1주택 ② 피상속인이 거주기간이 가장 긴 1주택 ③ 피상속인이 상속개시 당시 거주한 1주택 ④ 기준시가가 가장 높은 1주택	① 상속지분이 가장 큰 상속인 ② 당해 주택에 거주하는 자 ③ 호주승계인(2008. 2. 22. 폐지) ④ 최연장자

A씨와 B씨 남매의 경우와 같이 선친이 2채 이상의 주택을 보유하다 상속이 되는 경우 세법상 혜택을 보는 상속주택은 그 중에 한 채뿐이다. 이때 기준이 필요하다. 돌아가신 분(이하 '피상속인'이라 한다)이 소유한 기간이 가장 긴 집, 그 다음은 거주기간이 가장 긴 집, 두가지가 같다면 상속 당시 거주한 집이 상속주택이다. 보유 기간도 같고 어느 집에서도 거주한 적이 없다면 기준시가가 가장 높은 집이 상속주택이다. 그런데 피상속인이 보유한 여러 채의 집이 소유 기간이 모두 같을 수 있을까? 즉 한날한시에 여러 채의 집을 사는 사람이

있을까? 다세대주택을 신축하는 경우에는 여러 채의 집이 준공 승인 시점에 한꺼번에 취득되기 때문에 소유기간이 모두 같을 수 있다. 어쨌든 상속된 주택이 여러 채인 경우 이런 기준에 따라 그 중 한 채만이 특례를 받을 수 있다.

주택을 상속받을 때 재산을 적절히 나누기 어려운 부동산의 경우에는 지분으로 나눠서, 즉 공유등기를 하게 된다. 이때 공유지분으로 등기된 그 집은 누구의 집으로 보느냐, 상속지분이 가장 큰 상속인의 집으로 보게 된다. 지분율을 똑같이 하게 되면, 즉 자녀 2명이 각각 50%씩의 지분으로 등기했다면 그 집에 거주하고 있는 상속인이 있는 경우에는 그 상속인의 집으로 본다. 그 집에 거주하고 있는 상속인이 없다면 즉 부모와 다 따로 살고 있었다면 상속인 중 최연장자의 집으로 본다. 3번에 호주승계인은 호주제도의 폐지로 삭제되었다. 공동상속주택의 경우, 예컨대 지분이 가장 큰 상속인의 집으로 본다는 뜻은 상대적으로 지분이 작은 소수지분자인 상속인은 본인의 다른 집을 팔 때 지분 상속주택이 없는 것으로 본다는 뜻이다. 다만 양도세에서는 소수지분 상속주택은 집 수에 포함되지 않지만 종부세는 다르다. 2021년까지는 소유 지분율이 20% 이하이고 지분에 해당하는 공시가격이 3억 원 이하인 경우에만 주택 수에서 제외된다. 그런데 지분으로 상속받은 주택의 종부세 계산시 기준이 다시 바뀔 예정이다. 개정안대로 통과된다면 이제는 지분율이나 지분 해당액에 상관없이 2년 또는 3년간은 주택 수에서 제외하고 그 이후에는 포함하게 된다. 주택 임대 시 임대소득세는 또 기준이 좀 다르다. 해당 주택의 임대 소득이 연 600만 원을 넘거나 기준시가 9억 원을 초과하면서 공유 지분이 30%를 초과하면 임대소득세 계산을 위한 주택 수에 포함된다. 어쨌든 양도소득세에서 소수지분주택은 주택 수에서 제외된다.

자, 그러면 공유 등기시 상속주택은 최대지분자의 주택 수에 포함된다. 왠지 최대지분자가 손해인 것 같다. 지분이 같을 경우의 해당 주택 거주자나 최연장자도 마찬가지이다. 지분으로 나눠가졌는데 다른 사람의 집 수에서는 빠지고 나의 집 수에만 포함되니까 말이다.

이런 점을 고려하여 상속주택은 일정한 요건을 갖춘 경우 특례를 적용해준다. 즉 상속주택과 일반주택의 소유자가 상속 시점에 이미 보유하고 있던 일반주택을 먼저 양도하면 상속주택은 없는 것으로 보고 일반주택은 비과세를 받을 수 있다. 물론 해당 일반주택은 보유기간 또는 소유기간 등 비과세요건을 갖추고 있어야 한다. 그리고 상속주택의 이러한 특례는 상속시점에 피상속인과 상속인이 동일 세대원이 아닌 상태였을 것을 요건으로 한다. 쉽게 말하자면 '부모님을 모시고 살지 않은 사람이 상속을 받아야 한다.'라고 이해하면 된다.

이번 시간에는 상속주택에 대한 세법규정을 살펴보았다. 앞의 사례에서 A씨와 B씨 남매의 경우 A씨는 오래 전에 취득하여 장기로 보유하였고 차익이 많이 나는 일반주택이 있었고 B씨는 상속 직전에 일반주택을 막 새로 산 상태였다면, 피상속인의 여러 채 집 중 상속주택으로 인정되는 집을 A씨가 상속받고 다른 집을 B씨가 받는 것이 좋다. A씨는 그 후에 본인의 일반주택을 먼저 양도하여 비과세 받고 이후 다시 비과세요건을 갖추어 상속주택을 양도한다면 계속 비과세를 받을 수 있기 때문이다. B씨의 경우에는 상속특례가 인정되지 않는 집을 받게 되므로 반대로 상속받은 집을 먼저 팔고 향후 본인이 새로 산 집을 비과세 받으면 된다. 이때 상속세 신고가격이 곧 그 집의 취득가격이 되므로 시세대로 신고한 경우 차익은 없거나 크지 않을 것이므로 어차피 양도세 부담은 적을 것이다. 두 채의 집 가치가 서로 다를 수 있다는 점이 문제인데, 이 점을 고려하여 해당 주택 외에 금융자산 등 다른 상속재산을 B씨에게 좀 더 안분하여 균형을 맞추면 되겠다.

이처럼 부동산을 상속받을 때는 지금 현재의 값어치만을 고려할 게 아니라 상속인 각자의 상황까지 종합적으로 고려할 수 있어야 한다. 이 과정에서 각 상속재산의 성격과 상황, 종류를 같이 고려하는 것이 좋다.

8 상속주택특례의 비밀

2018년 4월 1일부터 조정대상지역의 다주택 양도에 대해 양도세 세율이 중과되고 장기보유특별공제도 배제된다. 다주택 중과는 납세자에게는 큰 부담이 될 수 있는데, 예를 들어 차익 5억 원·10년을 보유한 경우 중과가 되지 않을 때는 약 1억4천7백만 원, 3주택으로 중과되면

3억 원이 된다. 세금이 두 배 넘게 차이 난다. 중과세가 이렇게 무서운 것이다.

조정대상지역 내 주택 양도

장기보유특별공제 배제   중과세율

차익 5억 원, 10년 보유

중과 전 : 146,960,000원   VS   중과 후 : 300,410,000원

A고객은 이촌동과 서초동 2개의 집을 가지고 있었는데, 두 채의 집 중 임대를 주고 있던 서초동 집을 먼저 양도하려던 상황이었다. 양도세를 계산해보니 2주택으로 중과되어 5억 원 넘는 세금을 내야 했다. 자, 그런데 상담을 해보니 서초동의 이 집은 10여 년 전에 선친으로부터 상속받은 집이었다. 서초동 집을 상속받고 나서 이촌동 집을 구입, 즉 이촌동 일반주택을 상속주택보다 나중에 취득하여 입주한 상태였다. 상속을 받은 지 5년도 넘었고, 게다가 상속을 받은 다음에 일반주택을 구입했기 때문에 상속특례도 안 되는 것으로 오해하기 쉽다. 이른바 인터넷 포털사이트의 검색으로는 이런 내용이 주로 나온다. 이 경우 A고객은 조금 불편하더라도 본인이 거주하고 있는 이촌동 집을 먼저 팔면 양도세가 1천만 원으로 줄어들 수 있다. 왜 이런 현상이 생기는지 알아보자.

상속주택과 일반주택이 있는 경우 일반주택을 먼저 양도하면 집이 2채지만 비과세를 받을 수 있다. 이때 현행 세법상으로는 상속시점에 이미 일반주택을 먼저 구입하여 가지고 있는 상태에서만 이 특례를 이용할 수 있다. 물론 동일세대원도 아니어야 한다. 따라서 인터넷에 주로 나오는 내용처럼 이촌동 집을 상속 이후에 취득했기 때문에 특례 대상이 아닌 것처럼 보인다. 그런데 이 특례조항 중 상속시점이 먼저 보유하고 있는 일반주택이어야 한다는 조건은 2013년 2월 15일에 개정된 것이다. 따라서 그 전까지는 상속 전에 일반주택이 있었든 상속 이후 일반주택을 샀든 모두 특례를 받을 수 있다.

결과적으로 A고객의 경우 양도하는 집의 순서만 바꾸어도 세금이 5억 원이나 차이 나는 결과가 된다. 이른바 인터넷상에 정보가 넘쳐 나는 세상이다. 그런데 그러한 정보 중에는 불완전하거나 혹은 가짜 정보인 경우가 많다. 세법은 우리의 재산과 직결된 문제이기 때문에 적당히 알거나 어설프게 아는 것은 오히려 독이 될 수 있다. 그리고 이 과정에서 이른바 양도세 중과세에 대한 무작위적인 공포가 실수를 일으킬 수 있으므로 조심 또 조심해야겠다.

이번에는 다주택 중과와 중과에 대한 걱정이 불러올 수 있는 치명적인 실수, 그리고 상속주택 특례와 관련된 어렵지만 재미있는 사례를 살펴보았다. 호랑이에게 물려가도 정신만 차리면 산다는 사실을 명심하도록 하자.

9 절세의 비법, 아내를 사랑하라

 사업을 하는 A씨는 강원도에 싸게 사두었던 도로변 상가건물 가격이 많이 올랐으나, 많이 오른 만큼 양도소득세가 걱정이다.

부동산 개요

- 취득시기 : 2004년 6월
- 대지면적 : 1,752㎡(530평)
- 이용현황: 보드용품 대여점
- 공시지가: 206,000원/㎡
- 공시지가 총액: 360,912,000원
- 시세: 795,000,000원
- 취득가액: 132,500,000원

어떻게 세금을 줄일까요?

* 출처: 등기부등본 및 주변 매매사례가액

사업가인 A씨는 평소 토지에 관심이 많았다. 평창 동계올림픽이 확정되기 전 올림픽 유치신청이 두 번이나 떨어졌었는데, A씨는 올림픽 자체보다도 올림픽 유치를 위해 진행되는 도로 등 기반시설의 확장에 주목했다. 해서 비교적 이른 시기에 평창군 면온IC 인근의 토지와 건물을 매입했다. 당시 매입가격은 그렇게 높지 않았다. 그 이후 시간이 지나면서 올림픽 유치가 확정되었고, 그 사이 가격은 크게 올랐다. 그런데 가격이 오르고 보니 나중에 되팔 때 양도세도 덩달아 커졌다. A씨는 이 부동산을 팔아야 할 지, 판다면 언제 팔아야 할지, 그리고 그때 세금을 줄일 수 있는 묘책은 없는지 궁금했다.

양도세를 줄이려면 먼저 양도세가 어떻게 계산되는지를 알아야 한다. 양도세는 토지 등 부동산의 양도시 차익에 대해 부과되는 세금이다. 즉 판 가격에서 산 가격을 뺀다. 이를 양도차익이라 한다. 양도세는 누진세율 체계로 되어 있기 때문에 이 차익이 클수록 1단위당 적용되는 세율이 더 높아지는 구조이다. 즉 과표가 낮을 때는 똑같은

1원의 차익에 대해 낮은 세율이 적용되고 높을 때는 더 높은 세율이 적용된다. 그러면 차익을 어떻게 줄일 수 있을까? 판 가격에서 산 가격을 빼서 계산을 하니까 싸게 팔면, 즉 파는 가격을 낮추면 차익은 줄어든다. 하지만 시세보다 싸게 팔면 손해니까 그렇게 할 수는 없다. 반대로 산 가격을 높이면 역시 차익은 줄어든다. 그런데 산 가격은 이미 정해져 있다. 살 때 지불한 금액을 임의로 높일 수 없다. 허위로 이를 높이면 탈세가 된다. 자 그런데 이 부동산을 증여한다면 어떻게 될까? 부동산의 취득가격이란 매입했을 때 산 가격을 말하지만 증여로 취득했다면 증여가액이 곧 취득가액이 된다. 그리고 부동산의 증여가액이란 원칙적으로 시가이며, 시가가 불분명할 경우에는 기준시가로 계산한다. 이 부동산의 당초 매입가격은 약 1억3천만 원이었으나 그 후 가격이 많이 올라서 호가는 약 8억 원이었고 공시가격도 약 3억 6천만 원이 되어 있었다.

따라서 이 부동산을 아내에게 증여하게 되면 부동산의 취득가격이 높아지게 된다. 이때 시세가 불분명하다면 3억6천만 원으로 신고하면 되고, 경우에 따라선 따로 감정평가를 받을 수도 있다. 결과적으로 배우자에 대한 부동산 증여를 통해 이 고객은 당시 기준으로 최소 3천만 원 이상의 세금을 절세할 수 있게 되었다. 이를 절세의 비법 이라고 일컫는 이유는 어렵지 않고 간단한 방법이기 때문이다. 절세란 흔히 생각하는 것처럼 매우 복잡하고 어려운 것이 아니라 쉽고 간단한 것일 수 있다. 절세의 비법이라는 것도 5천 페이지에 달하는 복잡한 세법 법전에 있는 것이 아니라 오직 한가지 포인트에 있는 것이다. 다만 주의해야 할 점도 있다. 이렇게 증여한 부동산을 5년 내에 팔게 되면 취득가액이 높아진 효과는 사라지고 당초의 매입가격으로 양도세를 계산하게 된다. 따라서 이 방법은 5년 안에 매각하는 부동산에 대해서는 쓸 수 없다. 그런데 이곳 부동산의 경우 올림픽 유치가 확정되고 도로 등 기반시설이 설치되기까지 상당기간이 소요될 것이고 또 그 기간 동안 가격이 더 올라갈 가능성이 높기 때문에 오히려 5년간 팔지 않아야 하는 이유가 더 컸다. 결과적으로 세금과 부동산 투자에 대한 판단이 잘 맞아떨어진 것이다.

배우자증여공제	취득세
6억 원	4%

물론 이 방법을 쓸 때 주의할 점은 또 있다. 배우자에게 재산을 증여할 때는 10년을 기준으로 6억 원까지 공제되고 그 이상은 증여세를 내야 한다. 따라서 증여할 재산의 크기를 가늠해볼 필요가 있다. 앞의 사례에서는 취득가액을 높일수록 양도세가 줄어들 수 있었는데, 공시가격이 6억 원이 채 안 되는 상황이었기 때문에 공시가격보다 시세가 높다면 감정평가를 받아서 취득가격을 더 높이는 것도 방법이다. 감정평가에는 수수료가 발생하게 되는데, 그 수수료를 부담하고도 양도세 절감효과가 더 크다면 얼마든지 평가받을 수 있는 것이다. 마찬가지로 하나 더 고려해야 할 점은 부동산 증여 시 증여가액의 4% 만큼 취득세가 새로 발생한다는 점이다. 마찬가지로 부담하는 취득세보다 양도세 절감효과가 더 크면 된다.

이번 시간에는 배우자에 대한 증여를 통해 양도세를 절감하는 방법을 알아보았다. 편의상 남편이 아내에게 증여하는 상황을 가정했지만 반대로 아내가 남편한테 증여할 때도 마찬가지이다. 부동산에 잘 투자 해놓고도 세금을 미리 대비하지 않으면 그야말로 웃는 게 웃는 게 아닌 상황이 될 수도 있다. 양도세를 줄이는 방법을 알기 위해서는 우선 그 구조를 이해해야 한다는 것도 알아두자. 많은 사람들이 증여를 막연히 꺼리는데, 조건이 맞는 사람들에게는 증여야말로 합법적인 테두리 내에서 쉽게 절세할 수 있는 비법이라는 점을 기억하자. 게다가 배우자에 대한 증여는 공제금액이 6억 원이나 된다.

10 토지와 건물은 따로

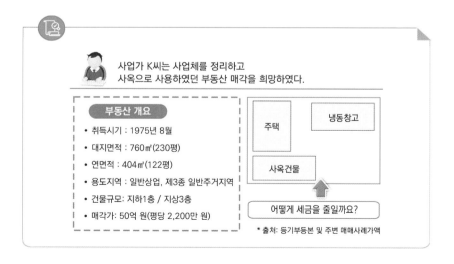

사업가 K씨는 사업체를 정리하고
사옥으로 사용하였던 부동산 매각을 희망하였다.

부동산 개요

- 취득시기 : 1975년 8월
- 대지면적 : 760㎡(230평)
- 연면적 : 404㎡(122평)
- 용도지역 : 일반상업, 제3종 일반주거지역
- 건물규모: 지하1층 / 지상3층
- 매각가: 50억 원(평당 2,200만 원)

주택   냉동창고

사옥건물

어떻게 세금을 줄일까요?

* 출처: 등기부동본 및 주변 매매사례가액

사업가 K는 육가공업체의 대표였다. 사업의 규모는 컸지만 개인 명의로 운영을 하고 있었는데, 사옥으로 사용하던 부동산을 매각하려던 참이었다. 상업지역과 3종 일반주거지역이 혼재된 지역이었고 대지가 큰 편이어서 매각가가 50억 원이나 되었다. 특이하게도 하나의 필지 위에 서로 다른 용도의 총 3개 건물이 같이 있었다. 이 부동산을 양도하는 데 있어서 어떤 방법으로 세금을 줄일 수 있을까?

　세법의 대원칙 중에 실질과세원칙이라는 것이 있다. 세법을 적용함에 있어 형식과 실질이 다른 경우에는 실질에 따른다는 원칙이다. 그리고 양도소득세에 있어서 실질을 판단하는 시점은 양도 당시, 즉 양도일을 기준으로 한다. 이때 양도일이란 소유권이전등기일과 잔금일 중 빠른 날을 말한다. 일반적으로 부동산은 계약, 중도금, 잔금의 일정에 따라 긴 기간 동안 매각 및 매수 절차가 진행된다. 문제는 각 시기 중 언제를 양도일로 볼 지인데, 통상 매수인이 대출을 받는 경우에는 대출을 하는 금융기관이 근저당권을 설정해야 하는 관계로 잔금일 당일에 소유권이전을 같이 해야 하기 때문에 소유권이전등기일과 잔금일이 같은 날이 된다. 대출이 일어나지 않는 경우에는 이 두 개의 날짜가 달라질 수 있다. 따라서 이런 경우에는 소유권이전등기가 일어나거나 잔금일 중 빠른 날을 양도일로 보고 그 양도일에 양도 부동산의 실질을 판단하는 기준으로 삼고 있는 것이다.

　해당 토지 위에 있는 건물 중 한 채는 흔히 말하는 2층 양옥집이었다. 소유자가 나고 자란 곳으로 수십 년간 여기에서 거주하였다. 이후 다른 집에 전세로 옮겨가면서 해당 주택에 책상 등 집기를 두고 사무실로 사용했다. 사업체는 이미 폐업을 한 상태였기 때문에 집은 비어 있었다. 이분은 다른 주택을 가지고 있지 않았기 때문에 1주택인 상태였다. 따라서 양도 전에 이 집을 수선하여 다시 주택으로 변경하도록 했다. 즉 실질적으로 주택이 되도록 했다. 양도일을 기준으로 주택으로 사용하게 되면 주택과 그 부수토지에 대해서는 1세대 1주택 비과세를 받을 수 있기 때문이다. 다만 이 부동산의 경우 하나의 필지에 주택과 주택이 아닌 건물이 같이 있는 상태였다. 이런 경우 전체 토지를 주택과 주택이 아닌 용도의 건물면적에 따라 안분하게 된다. 1주택의 부수토지에 대해서는 장기보유특별공제가 연 8%씩 적용되지만 주택이 아닌 건물의 부수토지에 대해서는 연 3%(2020년 1월 1일부터는 연 2%)의 장기보유특별공제만 받을 수 있다. 따라서 주택의 부수토지가 커질수록 세금은 줄어들게 된다.

그런데 이 토지 위에는 주택 외에 사무실 및 상가로 사용되는 건물 한 동과 사용하지 않게 된 냉동창고가 있었다. 해당 냉동창고는 안쪽의 냉동설비를 이미 모두 처분한 상태로 샌드위치 판넬조로 된 외벽만 남은 상태였다. 따라서 이 부동산을 양도하기 전에 해당 냉동창고를 철거하였다. 냉동창고 철거 비용은 700만 원 밖에 들지 않았다.

이제 냉동창고를 철거하게 되면 어떤 현상이 생길까? 냉동창고로 안분되던 토지 중 일부가 주택의 부수토지로 들어가게 된다. 따라서 8%의 장특공제를 받을 수 있는 금액이 커지게 되고 세금은 더 줄어들게 된다.

이 고객은 해당 부동산을 양도하기 전에 미리 은행과의 상담을 통해 약 3억 원의 양도세를 절감하게 되었다. 그리고 이 과정에서 발생한 비용은 얼마 되지 않았다.

부동산을 양도할 때 세금을 줄일 방법을 찾기 위해서는 반드시 양도하기 전에 고민을 해야 한다. 이미 양도가 끝난 다음에는 세금을 줄일 방법을 찾기가 어렵다. 그때는 이미 내 소유가 아니기 때문이다.

또 하나, 세법은 항상 실질과세원칙의 지배를 받기 때문에 양도일을 기준으로 세금을 줄일 수 있는 실질을 만들어내면 효과적으로 절세를 할 수 있다. 부동산을 양도할 일이 있을 때는 꼭 기억해두기 바란다. 세금을 줄이기 위해서는 미리 전문가와 상담해야 한다.

부동산 투자 그렇게 하는 거 아니야

PART Ⅲ
부동산 정책의 변화와 전망

Chapter 6

최근 5년간 부동산 정책의 변화와 앞으로의 전망

Chapter 7

부동산 세제 개편과정에서
다시 한번 되새겨 볼만한 부동산 투자 INSIGHT

부동산 투자 그렇게 하는 거 아니야

Chapter 6

최근 5년간 부동산 정책의 변화와 앞으로의 전망

1. 2017년 8월 2일 '실수요 보호와 단기 투기수요 억제를 통한
주택시장 안정화 방안'(약칭: 8·2대책)

2. 2017년 12월 13일 '임대주택 등록 활성화 방안'

3. 2018년 8월 27일 '수도권 주택공급 확대 추진
및 투기지역 지정 등을 통한 시장안정 기조 강화'

4. 2018년 9월 13일 '주택시장 안정대책'(약칭: 9·13대책)

5. 2019년 2월 12일 「소득세법 시행령」 개정'

6. 2019년 12월 16일 '주택시장 안정화 방안'(약칭: 12·16대책)

7. 2020년 7월 10일 '주택시장 안정 보완대책'(약칭: 7·10대책)

8. 윤석열 정부의 부동산 세법 개정
(예상안-대선 기간 중 후보 공약사항 중심으로)

1 2017년 8월 2일 '실수요 보호와 단기 투기수요 억제를 통한 주택시장 안정화 방안'(약칭: 8·2대책)

2016년 2분기부터 서울을 중심으로 주택가격이 상승하기 시작했다. 이후 2016년 4/4분기에 안정세를 보이다가 2017년 초부터 다시 상승했고 특히 강남지역의 경우 2017년 5월부터 가격이 큰 폭으로 상승했다. 이에 정부에서는 주택시장을 과열상황으로 판단하고 가격 안정을 위한 대책을 발표했다. 투기지역과 투기과열지구를 지정하고 분양가상한제 강화, 재건축초과이익환수제 시행, 금융규제 등과 함께 부동산 세금 개정이 포함되었다. 이 중에서 부동산 세금의 중요한 사항만 살펴보면 다음과 같다.

첫째, 다주택자에 대한 양도소득세 중과와 장기보유특별공제 적용 배제다. 2주택 이상 다주택자(조합원 입주권 포함)가 조정대상지역에서 주택을 양도하는 경우 2주택자는 기본세율에 10%p를 중과세하고 3주택 이상은 기본세율에 20%를 중과세한다. 그리고 다주택자는 장기보유특별공제의 적용을 배제한다. 다만 경과조치로서 다주택 양도세 중과는 2018년 4월 1일 이후 양도하는 주택부터 적용하기로 했다.

둘째, 조정대상지역에서는 1세대 1주택의 양도세 비과세 요건에 2년 거주 요건이 추가되었다. 따라서 2017년 8월 3일 이후 조정대상지역에서 취득하는 주택은 2년 이상 보유 외에 2년 이상 거주요건도 충족해야 비과세를 받을 수 있도록 했다. 예외적으로 2017년 8월

2일까지 무주택세대가 계약하고 계약금을 지급한 것이 확인되는 경우엔 거주요건이 면제되었다.

셋째, 분양권 전매시 양도소득세가 강화되었다. 기존에 1년 내 전매시 50%(지방소득세 포함 55%), 1년 이상 2년 미만 전매시 40%(지방소득세 포함 44%), 2년 이상일 때 기본세율이던 분양권 양도세율이 조정대상지역에서는 2018년 1월 1일 이후 양도하는 것부터 보유기간에 상관없이 50%(지방소득세 포함 55%)로 인상되었다.

넷째, 다주택자의 자발적인 임대주택 등록을 유도하기 위해 일정한 요건을 갖춘 임대주택은 양도소득세 중과세와 장기보유특별공제 배제 대상에서 제외하도록 했다. 앞서 2016년에 발표된 2017년 세법 개정에서는 임대주택에 대한 양도세 100% 감면이 3년간 연장된 바 있었다. 다만 임대주택에 대한 우대정책은 이후 세법 개정에서 순차적으로 축소 · 폐지되었다.

2 2017년 12월 13일 '임대주택 등록 활성화 방안'

2017년 11월 29일 발표된 주거복지 로드맵에 이어서 발표된 임차인의 주거안정 대책이다. 등록임대주택제도는 의무임대기간과 임대료 인상의 제한을 조건으로 임대인에게 세금 혜택을 주도록 하는 것이다. 구체적으로 지방세, 임대소득세, 양도세, 종부세 합산배제, 건강보험료 부담 완화의 내용이 담겼다.

우선 취득세와 재산세를 감면하고, 등록임대주택에 대해서는 주택의 임대소득에 대한 필요경비율을 미등록임대주택의 50%보다 20%p 높은 70%로 했다. 또한 8년 임대시 다주택에 대한 양도소득세 중과세를 배제하고 장기보유특별공제를 70% 적용하며, 한편으로는 종부세합산 배제의 경우 조건을 기존 5년에서 8년으로 강화했다. 그리고 4년 단기 임대주택의 경우 건보료의 40%를 감면하고, 8년 임대의 경우 80%를 감면하기로 했다.

임대주택 등록 활성화 방안의 경우 기존에 존재하던 임대주택 특례 에서의 혜택을 정비하면서 2018년 말까지 과세를 유예한 주택임대 소득에 대한 세금 부과를 2019년도부터 연간 2천만 원 이하에 대해서는 분리과세하면서 등록에 혜택을 부여하여 소득세 과세를 조기에 안착 시키도록 한 것이다. 아울러 임대인에게는 세제상의 혜택을 주고 대신에 연 5% 이상 임대료를 인상하지 않으면서 단기 4년, 장기 8년의 긴 기간 동안 임차인이 안정적으로 주택을 임차할 수 있도록 하여 임대인과 임차인 그리고 정부가 서로 상생하기 위한 구조로 추진된 것이다. 다만 이때를 기점으로 부동산 가격이 본격적으로 상승했고, 이후 「민간임대주택에 관한 특별법」과는 별개로 임대차3법을 통해 임대료 인상을 일정부분 제한하면서도 임차에 대한 거래신고와 주택 임대의 사업자등록을 강제할 수 있도록 되면서 혜택을 축소하는

방향으로 정책 방향이 전환되었다. 어쨌든 이 기간 동안 일정한 요건을
갖춘 임대주택의 경우에 세금혜택을 받을 수 있는 여건이 마련되어
임대주택 등록 건수가 큰 폭으로 증가하였다.

3 2018년 8월 27일 '수도권 주택공급 확대 추진 및 투기지역 지정 등을 통한 시장안정 기조 강화'

2016년 11월 3일 서울, 경기, 부산 일대에 지정된 조정대상지역은
이후 2017년과 2018년에 광명, 구리, 안양 동안구, 광교지구 등이
추가지정되었다. 그리고 2018년 12월 31일 수원 팔달구, 용인 수지구,
용인 기흥구가 추가지정되었으며 부산진구, 남구, 연제구, 기장군
일광면은 지정이 해제되었다. 조정대상지역은 주택투기지역과 함께
세금에 있어 중요한 의미를 가진다. 양도세 중과의 경우 조정대상
지역에 있는 집을 양도하는 경우에 한해 중과대상을 판단한다. 또한
1세대 1주택 비과세요건 역시 조정대상지역 지정 후에 취득한 경우에
2년 거주 요건이 추가로 필요해진다. 이후에 개정된 다주택자에 대한
종합부동산세 중과세 역시 2주택의 경우엔 조정대상지역 2주택인
경우부터 세율이 중과세된다. 조정대상지역의 지정은 이후 수차례에
걸쳐 일부는 지정이 해제되기도 하고 일부는 다시 지정되거나 추가지정
되었다.

2018년 9월 13일 '주택시장 안정대책'
(약칭: 9·13대책)

연이어 발표된 규제책에도 불구하고 서울을 중심으로 수도권 지역의 주택가격이 안정되지 않자 정부는 투기수요가 시장불안을 가중한다고 보고 다시 한번 강력한 수요 억제 정책을 내놓았다. 특히 세금 분야에서의 규제가 중심이었다.

우선 고가의 1주택자에 대한 장기보유특별공제에 2년 이상의 거주요건이 추가되었다. 기존에는 장기보유특별공제는 거주와는 상관없이 3년 이상 보유한 경우 연 8%씩 최대 80%를 공제받을 수 있었다. 2년의 거주요건은 즉시 시행하지 않고 2020년 1월 1일 이후 양도되는 것부터 적용하도록 유예기간을 두었다. 그리고 조정대상지역에서의 일시적 2주택 비과세 판단 시 중복보유가 허용된 기간을 2년으로 단축시켰다. 원칙적으로 일시적 2주택의 비과세에서 중복보유기간은 3년이다. 그런데 기존주택과 신규주택이 모두 조정대상지역인 경우에는 2년 안에 매각해야 비과세를 받을 수 있도록 강화한 것이다.

그리고 9·13대책에서는 민간임대주택으로 등록한 주택에 대한 세제지원의 요건을 강화했다. 즉 2018년 9월 14일 이후 신규로 조정대상지역에서 취득한 경우에는 임대주택으로 등록하더라도 양도소득세의 세율을 중과하고 종합부동산세 합산배제도 받을 수 없도록 했다. 또한 남아있는 임대주택에 대한 감면 요건에도 기준시가의 가액

요건을 추가하였다. 임대개시일 현재 수도권은 6억 원, 비수도권은 3억 원 이하인 경우에만 남아 있는 혜택을 받을 수 있도록 한 것이다.

5 2019년 2월 12일 '「소득세법 시행령」 개정'

2018년 발표된 2019년 「소득세법」 개정과 함께 2019년 2월 12일 「소득세법 시행령」 개정이 있었다. 통상 「소득세법」 개정에는 많은 사람들이 관심을 두고 있지만 시행령 개정은 눈여겨보지 않는 경우가 많았는데 사실상 이때의 시행령 개정에는 향후 강력한 규제와 복잡성을 야기하게 되는 내용을 담고 있었다. 바로 '최종 1주택 비과세 요건 강화'다. 종전에는 다주택자가 순차로 집을 양도하고 남아있는 최종의 1주택을 양도하는 경우, 비과세의 보유와 거주기간을 판단할 때 당초의 취득일부터의 보유와 거주기간을 인정받을 수 있었다. 즉 다주택자였다고 하더라도 주택을 순차로 양도하여 1채만 남아있는 경우 최종 1주택을 양도하는 시점에는 1주택자이므로 당초 취득일 이후의 보유와 거주기간을 통산하여 비과세 여부를 판단해 준 것인데, 향후에는 비과세를 위한 보유와 거주기간을 다시 채워야만 비과세가 되도록 한 것이다. 다만 이러한 규제 강화의 영향은 납세자의 세액에 미치는 영향이 크기 때문에 필요한 경우 이를 정리할 수 있도록 2021년 1월 1일 이후부터 적용하도록 하였다. 시행령 개정 당시만 하더라도 이 규정이 미치는 영향에 대해 심각하게 생각 되지 않았다. 그러나 이후 2020년도 말부터 2021년 초까지 이와 관련된 사례가 다양하게 쟁점화 되어 이에 대한 해석상의 문제가 부각되었다. 예를 들어 적용시점이 2021년 1월 1일 이후부터였기 때문에 2020년 12월 31일 이전에 다른 주택을 처분하여 이미 1주택이 된 경우다. 3채의 주택을 소유한 다주택자가 순차로 2채를 2020년 11월에 1채, 2020년 12월에 1채를 양도하고 최종 1주택을 2021년 1월에 양도한 경우 강화된 최종 1주택 규정에 의해 최종 1주택을 2021년 1월 1일 이후에 처분하였으니 2020년 12월에 집을 양도한 시점으로부터 다시 2년을 더 보유(거주 요건에 해당되는 경우 거주까지)해야 하는지 여부 등이다. 결과적으로 이에 대해서는 2020년 12월 31일 이전에 다른 주택을 모두 처분한 경우 최종 1주택은 즉시 매각하더라도 처음 취득일 이후에 보유와 거주 등 비과세 요건을 갖추었다면 취득일부터 기간을 기산하도록 하여 비과세를 받을 수 있다고 해석되었다. 또 다른 쟁점 중 하나는 유사한 상황에서 다른 집을 처분하고 남아 있는 2채의 집이 일시적 2주택인 경우다. 최종 1주택에 대한 비과세 판단시의 예외사항으로 다른 주택을 양도하고 남은 집이 일시적 2주택에 해당하는 경우에는 당초의 취득일부터 인정해주는 부분이다. 여기에 주택이 아닌 조합원 입주권을 포함하여 다주택인 경우에 있어서는 어떻게 처리할 것인지와 다른 집을 추가로 취득하는 방법을 통해 인위적으로 일시적 2주택을 만든 경우에는 어떻게 할 것인지 등 다양한 이슈가 해석상 쟁점이 되기도 했다.

이외에도 주택임대사업자로 등록한 임대사업자가 거주주택을 매도하여 비과세를 받는 경우, 기존에는 횟수에 상관없이 거주주택 비과세가 가능하였으나 이때의 개정으로 임대주택을 보유하고 있는 동안에는 1회에 한해서만 거주주택 비과세가 가능하도록 강화되었다. 따라서 임대주택이 있는 상태에서 한번 비과세를 받았다면 그 후에 새로 취득한 본인 거주주택은 직전 거주주택 양도 이후에 발생한 차익에 대해서만 비과세를 받을 수 있게 되었다. 그리고 임대주택에 의한 감면에 있어서 기존에는 거주주택 비과세 등「소득세법」상 장기임대 주택에 대한 감면의 경우에만 5%의 임대료 인상 제한 조건이 적용 되었으나 이후에는 (임대)소득세 감면, 양도소득세 중과 제외 등에도 5% 이내 인상 조건을 갖춘 경우에만 이를 받을 수 있도록 했다. 그리고 그간 양도소득세 이월과세 대상에서 제외되어 왔던 분양권과 조합원 입주권도 이월과세 대상으로 포함시키게 되었다.

2019년 12월 16일 '주택시장 안정화 방안' (약칭: 12·16대책)

정부는 2019년 12월 16일 12·16대책을 통해 다시 한번 부동산 세금제도를 개편했다. 먼저 9·13대책에서 한번 강화되었던 조정대상 지역에서의 일시적 2주택 중복보유 허용기간을 1년으로 축소하고 신규 주택으로 1년 안에 전입도 해야만 비과세를 받을 수 있도록 했다.

일시적 2주택의 중복 허용기간을 활용하여 주택으로 이익을 보는 것을 원천적으로 차단하겠다는 의미였다. 다만 새로 이사가려는 집에 기존 임차인의 임대차계약 기간이 남아 있는 경우에는 최대 2년의 범위 내에서 종전주택의 처분과 신규주택으로의 전입기간이 임차인의 잔여 임차만기까지 연장되도록 하였다. 비과세 조건으로 인해 기존 세입자를 강제로 내보내도록 해서는 안되기 때문이었다. 하지만 시장에서는 이 규정 역시 다양한 분쟁의 사례를 남겼다. 정책상 의도한 바는 아니었지만 현실에서는 일시적 2주택의 신규주택을 매입하면서 인위적으로 임차계약을 매매계약 당일에 하는 식으로 진행하는 경우가 나타난 것이다. 다만 이 경우 신규주택의 매도자와 임차인간에 임대차 계약이 있는 경우가 아니라면 종전주택의 처분과 신규주택으로의 전입에 있어 유예가 적용되지 않는다.

그리고 「민간임대주택에 관한 특별법」에 의한 임대주택 등록의 경우 다주택자가 임대주택을 등록한 경우 외에 1주택자가 임대주택을 등록하는 경우도 현실적으로 있을 수 있다. 그런데 1주택자가 본인은 다른 집에 임차로 거주하면서 본인 소유의 1주택을 임대주택으로 등록하는 경우, 2017년 8·2대책에 의한 조정대상지역에서의 1주택 비과세 2년 거주요건을 면제받을 수 있는 부분이 있었다. 역시 이를 이용하여 갭투자를 통해 직접 거주를 하지 않으면서도 비과세를 받는 투기성의 거래가 다수 있다고 보고 2019년 12월 16일 이전에 등록한 것에 한해 이를 인정하고, 이후 등록한 것은 2년 거주요건을 채우지 않으면 비과세를 받을 수 없도록 하였다.

그렇다고 12·16대책에서 규제를 강화만 한 것은 아니었다. 한시적으로 다주택자로 하여금 주택의 매각을 유도하고자 양도세 중과세를 유예했다. 2019년 12월 17일부터 2020년 6월 30일까지 다주택자가 10년 이상 보유한 주택을 양도하는 경우 양도소득세를 중과세하지 않고 기본세율을 적용받을 수 있도록 한 것이다. 기본 세율을 적용받을 경우 장기보유특별공제 역시 적용되기 때문에 조건에 부합하는 경우 양도소득세는 큰 폭으로 줄어들게 된다. 하지만 중과세 유예 제도가 정책적으로 의도한 것과는 달리, 서울을 비롯한 조정대상 지역 등에서 매물이 주택가격을 안정시킬 만큼 유의미할 정도의 매물이 나오지는 않았다. 여러 가지 원인이 있겠지만 우선 중과 유예의 대상이 10년 이상 보유한 매물에 한정되었다는 점, 그리고 주택가격이 이후로도 계속 더 오를 것이라는 기대감이 높았던 점 때문에 중과 유예의 효과가 크지 않았던 것으로 보인다.

7 2020년 7월 10일 '주택시장 안정 보완대책' (약칭: 7·10대책)

반복적인 부동산대책으로도 주택가격이 안정되지 않자 정부는 추가적으로 세금 규제대책을 내놨다. 부동산 대책의 정책적인 효과는 장기에 걸쳐서 누진적으로 나타날 수밖에 없으므로 예단하기 어려운 일이다. 다만 각 시기별로 발표된 정책은 일정 기간 시장에 관망세를 이끌어내고는 했으나 그 효과가 지속적으로 강하게 나타나지는 않았다. 예를 들어 9·13대책을 비롯하여 2018년도의 다양한 대책 발표 이후 2019년 1월부터 6월까지 상반기 동안에는 서울을 비롯한 핵심지역에서도 주간 및 월간의 주택 매매가격지수의 추이는 약보합 또는 안정화되는 추이를 보였다. 그러나 그 효과에도 불구하고 그 이후에는 다시 주택가격이 큰 폭으로 상승하는 모습을 보이기도 했다.

이에 7·10대책에서는 특히 부동산 세제에 대한 강력한 규제 내용이 포함되었다. 우선 다주택자의 경우 주택 취득시 취득세 세율이 대폭 인상되었다. 비조정대상지역에서 취득하는 3주택과 조정대상지역의 2주택 취득시에는 8%의 세율이 적용된다. 지방교육세와 농어촌특별세를 포함할 경우 8.4%(국민주택규모 초과 주택은 9%)의 세율이다. 비조정대상지역에서 취득하는 4주택 이상의 취득과 조정대상지역의 3주택 취득에 대해서는 12%의 세율이 적용된다. 지방교육세와 농어촌특별세를 포함하면 12.4%(국민주택규모 초과시 13.4%)다. 뿐만 아니라 법인이 주택을 취득하는 경우 주택 수에 상관없이 12%(지방교육세와 농어촌특별세 포함시 12.4%, 국민주택규모 초과시 13.4%)가 적용된다. 다만 시가표준액 1억 원 이하인 주택은 취득세 중과세에서 제외되어 지방 등 일부 지역에 매입 수요가 몰리는 등 풍선효과의 부작용을 일으키기도 했다.

구분		7·10대책 이전	7·10대책 이후
개인	1주택	주택 가액에 따라 1~3%	주택 가액에 따라 1~3%
	2주택		8%
	3주택		
	4주택 이상	4%	12%
법인		주택 가액에 따라 1~3%	

    그리고 7·10대책에서 발표된 취득세 세율 인상과는 별개로 다주택자가 주택을 매도하지 않고 가족에게 증여하는 것을 통해 종합부동산세의 부담을 피하는 것을 막기 위해 기준시가 3억 원을 초과하는 주택을 증여하는 경우 취득세의 세율을 3주택 이상 유상거래 취득세율과 같은 12%(지방교육세 포함시 12.4%, 국민주택규모 초과시 13.4%)로 인상하도록 세법을 개정하였으며 이러한 개정은 2020년 8월 12일 이후 취득하는 것부터 적용되도록 했다.

    7·10대책을 통해 종합부동산세율도 인상되었다. 1주택 등 기본 세율의 경우 기존 0.5~2.7%인 세율을 0.6~3%로 인상했다. 특히 3주택 이상인 경우와 조정대상지역 2주택 이상 다주택인 경우 종합부동산세율을 1.2~6%, 세율기준으로 기존보다 약 2배 인상했다. 거기에 다주택자의 경우 세부담 상한을 300%로 통일시켰다. 기존에는 2주택의 경우 200%, 3주택 이상인 경우 300%가 적용되던 세부담 상한이 300%로 인상되면서 다주택자의 경우 공시가격이 인상되는 경우 세부담이 거의 제한 없이 그대로 인상되는 결과를 낳게 되었다. 반면 1주택자에 대한 세액공제는 최대 80%로 기존보다 최대 10%p

인상하고 단독명의인 경우에만 적용되던 세액공제를 부부 공동명의 1주택인 경우에도 적용하기로 하여 1주택을 장기보유한 고령자의 경우에는 공제를 확대하였다. 한편 법인에 대해서는 파격적이라고 할 만큼 주택 보유에 대한 종합부동산세를 인상시켰다. 그간 개인과 같이 적용되던 6억 원의 기본공제액의 차감을 배제하고 세율 역시 기본 세율을 단일세율 3%, 다주택인 경우 단일세율 6%로 개인의 종부세 세율 중 최고구간의 세율을 단일세율로 적용하면서 세부담 상한도 없앤 것이다. 결과적으로 법인의 경우 사원용 주택 등 일정한 요건을 갖춘 경우를 제외하면 주택을 보유하는 데 따른 부담을 큰 폭으로 높였다.

종합부동산세 세율 인상

시가 (다주택자 기준)	과표	2주택 이하 (조정대상지역 2주택 제외, %)		3주택 이상, 조정대상지역 2주택(%)		
		대책 전	12·16 대책	대책 전	12·16 대책	7·10 대책
8~12억 원	3억 원 이하	0.5	0.6	0.6	0.8	1.2
12.2~15.4억 원	3~6억 원	0.7	0.8	0.9	1.2	1.6
15.4~23.3억 원	6~12억 원	1.0	1.2	1.3	1.6	2.2
23.3~69억 원	12~50억 원	1.4	1.6	1.8	2.0	3.6
69~123.5억 원	50~94억 원	2.0	2.2	2.5	3.0	5.0
123.5억 원 초과	94억 원 초과	2.7	3.0	3.2	4.0	6.0

취득세와 종합부동산세에 이어 양도소득세의 세율도 인상되었다. 주택과 입주권에 대한 단기양도세율을 1년 미만 77%(지방소득세 포함), 1년 이상 2년 미만 66%(지방소득세 포함)로 20%p씩 인상하고 분양권은 기존에 조정대상지역에서만 55%(지방소득세 포함)이던 중과세율을 1년 미만 단기 양도시 77%(지방소득세 포함), 2년 이상인 경우 66%(지방소득세 포함)로 높였다. 여기에 다주택자 중과세율을 각각 10%p씩 인상하기로 했다. 그리고 법인의 주택 양도에 대한 추가세율 역시 기존 10%p에서 20%p로 인상하기로 했다. 다만 다주택자에 대한 중과세율은 그 후 세법 개정에서 2021년 6월 1일부터 적용하도록 했다.

7·10대책 양도소득세 세율 인상

| 구분 | | 대책 전 | | | 12 · 16대책 | 7 · 10대책 | |
		주택 외 부동산	주택 · 입주권	분양권	주택 · 입주권	주택 · 입주권	분양권
보유기간	1년 미만	50%	40%	조정대상지역 50%, 기타지역 기본세율	50%	70%	70%
	2년 미만	40%	기본 세율		40%	60%	60%
	2년 이상	기본 세율	기본 세율		기본 세율	기본 세율	

　　7 · 10대책에서는「민간임대주택에 관한 특별법」과 임대주택 등록에 따른 세법상의 혜택을 크게 변경하였다. 기존의 4년 단기임대주택 등록 제도는 폐지되었고 8년 장기임대주택의 의무임대기간은 10년으로 증가했다. 이와 함께 아파트는 임대주택 등록이 폐지되었다. 기존에 등록된 임대주택에 대해서는 과태료 없이 자진말소할 수 있도록 하고, 단기임대주택은 4년의 의무임대기간 후 자동말소되도록 하며, 단기

임대로 등록된 아파트는 장기임대로의 전환등록을 금지(2020. 8. 18.부터)했다. 한편 폐지대상이 된 단기임대주택과 아파트인 임대주택의 경우 의무임대기간이 1/2 이상 경과하면서 임차인의 동의를 얻어 자진말소한 경우 해당 임대주택은 말소일로부터 1년 이내, 자동말소된 경우에는 기간 제한 없이 다주택에 대한 양도세 중과를 면제하고, 임대주택 외 본인 거주주택에 대해서는 말소일로부터 5년 이내 양도하는 경우 거주주택 비과세(본인이 거주하던 주택을 양도하는 경우에는 말소된 임대주택을 주택 수에서 제외하고 비과세를 판단하도록 하는 것)를 받을 수 있도록 했다.

 윤석열 정부의 부동산 세법 개정
(예상안-대선 기간 중 후보 공약사항 중심으로)

● 부동산 보유세 완화

윤석열 대통령(당시 후보 및 당선인)은 대선 기간 중 부동산 세제와 관련하여 몇 가지 중요사항에 대한 공약을 발표한 바 있다. 우선 "종합부동산세의 공정 시장가액비율을 인하하여 종부세를 2020년 수준으로 환원하겠다."는 부분이다. 종부세의 공정시장가액 비율은 종합부동산세의 과세표준을 계산할 때 적용되는 비율이다. 공정시장가액 비율은 부동산 가격이 급변동할 경우 종부세의 변동폭이 너무 커지지 않도록 하면서 종부세 부담이 단계적으로 커지도록 하는 장치다. 종부세가 법제화되면서 같이 마련되어 순차적으로 인상되도록 했다가 이명박 정부 때 개편 되면서 비율 인상을 잠정적으로 멈췄다. 이후 다시 종부세를 개편 하면서 연 5%씩 단계적으로 인상되도록 하여 2022년에는 100%로 공시가격이 그대로 과표에 반영되도록 강화 되었다. 그런데 2018년 이후 부동산 가격이 급격하게 오르고, 그간 시세와 괴리가 쌓여온 공시가격을 시세에 맞춰 현실화하는 '공시가격 현실화'가 동시에 추진되면서 보유세가 급격하게 상승한다는 지적이 있어 왔다. 이에 윤석열 대통령(당시 후보 및 당선인)은 대통령 공약에서 공정시장가액 비율의 재조정을 통해 보유세 인상 속도를 늦추겠다는 공약을 발표한 것이다. 여소야대의 국회가 유지되는 현실을 감안하여 법률 개정 없이 시행령으로 조정할 수 있는 보유세 완화방안을 내놓은 것으로 생각 된다. 다만 윤석열 대통령(당시 후보 및 당선인) 당선 이후 새로운 정부 취임 전, 2022년 종부세 등 보유세와 관련하여 민주당 의원을 중심으로 보유세를 선제 적으로 완화하고자 하는 움직임이 있었고 기획재정부와 국토 교통부, 행정안전부 합동으로 2022년 주택 공시가격을 발표하면서 우선 1주택자의 경우 공정시장가액비율을 2021년의 95% 수준으로 동결하고 2021년의 공시가격을 적용하여 보유세를 부과하기로 했다. 또한 일정한 요건을 갖춘 고령의 1 주택자는 해당 주택을 처분하거나 상속될 때까지 종부세를 유예하기로 했다. 새 정부 취임 후 공정시장 가액 비율의 추가 조정이나 공시가격 현실화 속도의 조절 등이 어떤 식으로 나올지는 아직 구체적으로 예측하기 어려운 상황이다. 대신에 대통령의 공약사항 중에는 재산세와 종부세를 통합하겠다는 내용도 포함되어 있다. 그리고 주택 수에 따른 과세체계

대신 총액 기준으로 과세하는 내용과 다주택자에 대한 세부담 상한을 300%에서 200%로 낮추는 방향으로의 개편도 언급된 바 있다. 즉 주택 수보다는 보유 중인 주택의 가격을 전부 합산하여 과세함으로써 세부담 능력에 맞는 보유세를 과세하는 것이 합당하다는 것이다. 향후 재산세, 종부세의 통합이나 금액 중심의 과세체계를 개편하는 것도 예상해볼 수 있으나, 이는 종부세 과세체계의 폐지, 재산세의 전면적 개편 등 국회에서의 법률 개정은 물론 세수의 변동까지 고려해야 하는 사항이므로 급격하게 바꿀 수 있는 부분이 아니다. 게다가 종부세를 폐지하고 재산세로 통합할 경우 기초 지자체별 재정자립도 격차가 더 커질 수 있어 각 지자체의 입장도 조정되어야 한다. 현행 종부세는 국세(중앙정부가 과세 주체인 세금)로서 징수한 세금을 「지방교부세법」에 따라 각 지자체로 배분하는 것을 통해 재정자립도가 낮은 지자체의 중요한 수입원이 되고 있기 때문이다. 따라서 종부세를 비롯한 보유세 완화의 경우 당장에 큰 변화가 있을 것이라 기대하기는 어렵다. 특히 다주택자에 대해서는 아직까지 종부세 부담 완화가 공식화되고 있지 않으므로 납세자인 국민들은 부담 완화를 전제로 주택 등 투자나 보유에 대한 의사결정을 하기보다는 개정안의 입법 추이와 통과 여부까지 세세하게 살피면서 대응할 필요가 있다.

● 양도세 중과 유예

대선 기간 초반 윤석열 대통령(당시 후보 및 당선인)의 양도세 중과 유예 공약은 원래 2년간 중과세를 유예하겠다는 것이었다. 이를 통해 퇴로가 막혀 있는 다주택자들로 하여금 주택을 처분하도록 하고 이를 통해 기축주택의 매도를 유도하여 주택 매매시장의 안정을 유도하겠다는 것이다. 다른 대선 후보인 이재명 후보의 중과 유예 공약은 기간을 나누어 각 기간마다 더 일찍 매각할수록 양도세 완화 효과가 더 크게 함으로써 매물 유도 효과를 극대화하겠다는 것이었다. 양도세 중과 완화의 경우 중과 유예의 기간이 너무 길 경우 유예기간에 가까이 임박할 때까지 매물로 내놓는 것이 늦춰질 수 있다는 점을 감안하면 기간이 너무 길지 않아야 한다. 이런 점을 반영하여 윤석열 대통령(당시 후보 및 당선인) 당선 이후 인수위에서도 중과 유예기간을 기존 2년에서 1년으로 짧게 운영할 것임을 밝혔다. 이때 중과 유예를 통한 다주택자의 매물 유도 효과를 극대화하기 위해서는 보유세 과세기준일인 6월 1일 이전에 중과 유예가 이루어지는 것이 좋은데 이와 관련해서는 기획재정부를 통해 중과 유예의 시행 등 제도의 변경은 새로운 정부 출범 이후에 이뤄지는 것이 좋겠다는 의견을 발표 했다. 이에 새로운 정부의 인수위에서는 취임 이후인 5월 10일의 양도건부터 양도세 중과세가 유예를 적용받을 수 있도록 할 것임을 밝혔다. 양도세 중과세 유예 제도의 경우 국회의 입법을 통해 개정이 이뤄지는 것이 원칙이겠으나 중과세 제도의 틀은 그대로 두고 일부를 한시적으로 중과세에서 배제하여 완화하는 것은 법률의 위임된 범위 내에서 대통령령으로 할 수도 있다. 실제로 2019년 12·16대책에서도 다주택 양도세 중과를 한시적으로 완화할 때 시행령 개정을 통해 진행한 바 있었다. 12·16대책의 중과 유예는 10년 이상 보유한 주택으로 한정된 바 있었다.

2022년 5월 9일 기획재정부에서는 윤석열 정부의 정책 기조에 따라 '다주택자 양도소득세 중과 한시 배제 등 「소득세법 시행령」 개정'에 대한 보도자료를 발표했다. 개정 예정인 사항은 아래와 같이 3가지다.

첫째, 다주택자에 대한 양도세 중과를 1년간 한시적으로 배제한다. 적용 시점은 2022년 5월 10일 이후 양도하는 것부터 소급하여 적용한다. 따라서 2022년 5월 10일부터 2023년 5월 9일까지 양도하는 다주택자의 조정대상지역 내 주택에 대해 보유한 주택 수와 상관없이 한시적으로 중과세율이 아닌 기본세율(=일반세율)이 적용된다. 다만 보유기간은 양도 시점을 기준으로 2년 이상인 것으로 하기로 했다. 2019년 12·16대책에서 시행된 중과완화 때의 10년 이상 보유 주택보다 완화된 기준이다.

둘째, 1세대 1주택 양도세 비과세 보유·거주기간의 재기산 제도를 폐지하기로 했다. 2021년 1월 1일 이후 다주택자인 경우 주택을 순차적으로 양도하고 최종 1주택이 남은 경우 최종 1주택의 양도소득세 비과세 판단을 위한 2년 이상 보유(조정대상지역으로 지정된 곳에서 2018년 8월 2일 이후 취득한 경우 2년 이상 거주도 필요)요건을 직전 주택 양도일부터 다시 계산하는 제도다. 2019년 2월 12일 「소득세법 시행령」 개정시 반영되어 2021년 1월 1일부터 시행된 제도다. 다주택 취득을 억제하여 집값을 안정시킨다는 목적으로 시행된 것인데, 이 과정에서 일시적 2주택이나 상속 기타 다양한 사례에 따라 과세상 복잡한 문제를 야기하기도 했다. 이에 시장관리 목적으로 조세원칙에 맞지 않는 점과 매물 출회를 지연시킨다는 점을 반영하여 최종 1주택도 당초 취득일 이후의 보유와 거주기간에 따라 비과세 여부를 판단하기로 했다. 시행 시점은 마찬가지로 2022년 5월 10일 이후 양도하는 것부터 적용된다.

셋째, 이사 등으로 인한 일시적 2주택 비과세 요건을 완화한다. 2019년 12·16대책으로 시행된 강화된 일시적 2주택 비과세 요건을 2018년 9·13대책 수준으로 돌린다는 것이다. 앞서 2018년 9·13 대책에서는 조정대상지역에서 조정대상지역으로 이사가는 과정에서의 일시적 2주택의 경우 종전 주택의 비과세 가능한 처분기간을 종전의 3년에서 2년으로 줄였다. 그리고 2019년 12·16대책에서는 이를 더 강화하여 1년으로 축소하고 신규 주택으로 1년 이내에 전입해야 한다는 조건도 추가했었다. 이를 다시 9·13대책 수준으로 완화하기로 한 것이다.

2022년 5월 9일 발표된 기획재정부 보도자료에서의 「소득세법 시행령」 개정은 모두 양도소득세에 대한 것이다. 이 중 양도세 중과 유예의 경우 당초 대선 과정에서도 공약으로 발표된 것이었는데 나머지 2가지는 공약에서는 언급되지 않았던 것이다. 특히 최종 1주택 재기산 제도 폐지는 그간 복잡해진 양도소득세 비과세 관련 문제를 일정 부분 해소한 것으로 납세자 입장에서 환영할 만한 것이다. 이 3가지는 국회에서의 법률 개정 없이 시행령 개정만으로 가능한 사안이다. 따라서 우선 개정 적용할 수 있는 것을 우선하여 발표한 것으로 보인다. 반대로 이 외에 각 세목별 세율 등 다른 개정사항은 국회의 입법 절차를 거쳐야 하므로 즉시 변경이 어렵다. 결국 다른 사항은 아직 좀더 지켜봐야 한다.

한편 중과 유예로 다주택자의 매물이 얼마나 나올 것인지를 살펴보면, 과거 12·16대책 때에는 중과 유예에도 불구하고 매매시장에 가격 안정을 기대해볼 만큼 충분히 매물이 증가하지는 않았다. 그럼에도 불구하고 이번의 양도세 중과 유예는 일정 부분 매물유도 효과가 이전보다 있을 것으로 본다. 그 이유는 2019년 말이나 2020년 초에 비해 추가적인 가격상승의 기대감이 그때만큼 크지 않다는 점이다. 또한 현 시점 기준으로 다주택에 대한 종부세 부담 완화가 향후 이뤄진다고 하더라도 이는 대부분 법률을 개정해야 하는 만큼 다주택에 대한 종부세가 완화되려면 꽤 오래 걸릴 것이기 때문이다. 다주택자들은 종부세 완화를 막연히 기대하기보다는 당장 이번 기회에 양도세를 절감하면서 그간의 차익을 실현하려는 니즈가 나타날 가능성이 높다. 다만 이 과정에서 중과 유예의 개정 내용에 따라 각 지역의 매물 증가 효과는 서로 다르게 나타날 가능성도 있다. 즉 상대적으로 열위인 지역부터 매물이 증가하고 서울이나 강남 등 주요 지역에서는 매물 증가 효과가 적을 수도 있기 때문이다.

부동산 투자 그렇게 하는 거 아니야

Chapter 7

부동산 세제 개편과정에서
다시 한번 되새겨 볼만한 부동산 투자 INSIGHT

1. 양도세 중과 유예, 이런 걸 2년 전에 알았더라면

2. 취득세 완화 및 임대주택 제도 변경

1 양도세 중과 유예,
이런 걸 2년 전에 알았더라면

2019년 12월 16일 「주택 시장 안정화 방안」이 발표되었다. 이전까지 발표된 부동산 정책에 이어 추가로 대출을 제한했다. 또한 종합부동산세를 강화하였으며 민간택지에 대한 분양가상한제의 적용지역을 확대했다.

이 중 양도세의 경우 1주택자의 9억 원(현재는 12억 원) 초과 양도시 장기보유특별 공제의 요건을 보유기간별 연 8%에서 거주기간별 연 4% + 보유기간별 연 4%로 강화했다. 또한 조정대상지역의 일시적 2주택의 처분기간도 1년으로 축소하고 1년 내 전입조건도 추가되었다. 즉 전반적으로 규제를 강화하는 쪽으로 정책을 발표했다.

그런데 특이하게도 이날 발표에 양도소득세 규제가 아닌 완화에 해당하는 내용이 있었다. 바로 다주택자가 조정대상지역에 있는 10년 이상 보유한 주택을 2020년 6월 30일까지 양도하는 경우 양도세를 중과세하지 않고 일반세율로 과세한다는 내용이다. 즉 중과를 면제해준 것이다. 이 경우 차익이 5억 원이고 보유기간이 10년이었다면 2주택으로 중과될 때의 세금은 약 2억5천만 원이다. 반면에 일반세율로 과세될 때 세금은 약 1억5천만 원이 된다. 절세 금액만 무려 1억 원인 것이다. 3주택으로 중과될 때의 세금은 약 3억 원으로 세금 차이가 1억5천만 원이나 된다.

결국 제한적이긴 하지만 12·16대책에서는 세제가 강화되기만 한 것이 아니라 완화도 된 것이다. 요점은 이러한 차이의 의미를 당사자가 충분히 이해할 수 있었느냐는 것이다. 2020년 6월 30일까지 한시적으로만 적용되는 규정이었기에 시기를 놓치면 아무런 의미가 없는 일이 되기 때문이다. 게다가 여기에 숨겨진 사실이 하나 있다. 세법상 양도에 해당된다면 돈을 받고 파는 경우 말고도 마찬가지로 중과되지 않는다. 바로 부담부증여의 경우가 여기에 해당한다. 부담부증여는 부동산을 증여하면서 여기에 딸린 채무를 같이 넘기는 것이다. 증여자로서는 돈을 받진 않았지만 본인이 갚아야 하는 채무가 없어지므로 해당 채무만큼은 대가를 받고 양도했다고 보는 것이다. 즉 부담부증여는 일부 양도, 일부 증여가 된다. 이때 해당 부동산이 다주택자의 조정대상지역 내 주택이라면 양도세가 중과되지만 이 대책으로 인하여 10년 이상 보유했다면 한시적으로 양도세 중과를 피할 수 있게 된 것이다.

게다가 이 경우 2가지의 다른 장점도 있다. 일반적으로 자녀에게 부동산을 증여할 때 증여세의 세율이 높다. 그런데 부담부증여가 되면 총 금액 중 증여에 해당하는 금액이 낮아지므로 증여세 과표와 세율도 같이 줄어든다. 결국 부모의 재산을 언젠가 자녀에게 넘겨줘야 한다고 했을 때 증여세나 상속세의 부담을 줄이면서 넘길 수 있는 것이다. 또한 해당 주택의 가격이 향후 더 상승할 수도 있어 그 기대이익을 포기하지 않아도 된다. 주택을 다른 사람에게 판 것이 아니라 가족에게 넘겼기 때문이다. 물론 이 경우 채무 인수액에 대해 세무서가 사후 관리를 하게 된다. 즉 인수된 채무를 증여자가 대신 갚아주지는 않는지 살펴보게 되므로 반드시 해당 채무는 수증자인 자녀가 갚아야 한다.

안타깝게도 이러한 양도세 중과 유예는 2020년 6월 30일까지만 한시 적으로 적용된 것이다. 결국 절세는 타이밍이 중요하다. 이런 내용을 2년 전에 알고 이해했더라면 합법적인 방법으로 얼마든지 세금을 줄일 수 있었던 것이다. 더 중요한 사실은 이러한 원리를 이해했다면 앞으로도 종종 기회는 있다는 점이다. 2020년 7월 10일 부동산 대책에서 등록임대주택에 대한 보완조치가 발표되었고 2020년 8월 4일 관련 내용이 개정되었다. 이 중 2020년 7월 10일 이전에 임대 주택으로 등록한 것 중 폐지되는 유형인 4년 단기임대 또는 아파트의 경우 의무임대기간의 1/2이 지나서 자진말소하는 것은 1년 내 양도시 중과를 배제하기로 하였다. 의무임대기간 만료로 자동말소 되는 경우엔 언제 양도하더라도 중과세에서 제외된다. 즉 위와 유사한 상황이 또 생긴 것이다. 2020년 8월 12일 증여 취득세 인상때도 비슷한 현상이 생겼다. 이 시기를 전후로 아파트 등 집합건물 증여의 마지막 기회가 있었다. 비록 조건이 부합해야 하겠지만 해당 사항이 있는 경우라면 충분히 여러 가지를 고민해볼 만한 기회가 되기도 한다. 한번 더 상기 하자면 절세는 타이밍이다.

2 취득세 완화 및 임대주택 제도 변경

취득세 완화 역시 윤석열 대통령(당시 후보)의 공약사항에 포함되어 있던 내용이다. 현행 취득세율은 1주택 등 일반적인 경우 금액에 따라 1~3%(지방소득세와 농어촌특별세 포함 시 1.1~3.5%)이고 조정대상지역 2주택이나 비조정대상지역 3주택에 대해서는 중과세율이 적용된다. 이에 대해 윤 당선인은 1~3%인 기본세율도 단일세율로 변경하거나 세율 적용 구간을 단순화함으로써 1주택자의 원활한 주거이동을 보장하고 조정대상지역에서 이동과정에서의 누진과세도 낮추겠다는 것이다. 이와 관련해서는 이재명 후보의 경우 3%의 세율이 적용되는 과세표준 구간(대상 주택)을 9억 원에서 12억 원으로 조정하는 안을 공약으로 제시한 바 있었다. 결국 두 후보 모두 거래세인 취득세를 낮추는 방향이라는 점에서는 공통인수가 있었던 만큼, 향후 취득세도 완화될 가능성은 있다. 다만 마찬가지로 취득세 완화의 경우 세율과 과표 등 과세요건에 해당하는 사항이므로 명백하게 국회에서의 법률 개정이 있어야 한다. 따라서 취득세야말로 아직은 어떤 식으로 개정될지 현재는 짐작조차 하기 어렵다. 또한 실제로 완화의 방향으로 개정이 된다고 하더라도 개정 전후 시기에 구입이 임박한 일부를 제외하면 이것이 시장의 흐름 자체에 근본적으로 영향을 미칠 것이라고 할 수도 없다. 취득세가 완화된다고 하더라도 이는 장기적인 관점에서 누적적으로 시장 매수수요에 약간씩 더해지는 식으로 나타나는 변수이기 때문이다. 다만 신혼부부 또는 생애최초 주택 구입에 대한 취득세 감면 등의 이슈는 요건에 해당하는 무주택자의 경우 개정 추이를 놓치지 말고 살펴서 자금조달계획에 반영해야 할 뿐이다.

　임대주택제도의 경우 세금혜택을 통한 권장에서부터 시작하여 혜택 축소, 등록 제한까지 규제 강화 과정에서 가장 급격하게 변경된 제도다. 이로 인해 임대주택등록사업자의 경우 등록을 유도하는 정부의 정책에 대한 신뢰와 입장의 변경에 가장 큰 피해를 입었다는 불만이 전면적으로 표출되기도 했다. 새로운 정부에서는 강화된 임대주택 기준에 의해 폐지되었던 임대주택등록을 소형면적에 한해 다시 허용한다는 입장이 나오기도 했다. 장기적으로 주택임대사업에 대한 세금 혜택이 민간을 통한 임대주택 공급의 한 축을 이루고 이를 통해 주택임대차 시장의 안정에 기여할 수 있는 부분이 존재한다. 당선인의 공약 사항으로 나온 임대주택에 대한 활성화 및 지원 강화는 이러한 의미로 이해하되, 소형 주택에 대한 세제혜택이 얼마나 어떤 내용으로 담기게 될지 여부는 주의 깊게 살펴볼 필요가 있다. 기본적으로 임대주택 제도는 장기의 투자를 전제로 항상 투자자인 납세자에게 유의미한 것일 수 있기 때문이다.

부동산 투자 그렇게 하는 거 아니야

부록

세금공부

부동산 투자 그렇게 하는 거 아니야

세금공부

• 경매로 취득한 부동산 취득 비용 중 경비로 인정되는 것은?

경매로 취득한 부동산도 향후 양도할 때도 차익이 있다면 양도소득세를 내야 한다. 그리고 양도세는 양도가액에서 취득가액과 필요경비를 차감하여 계산한다. 따라서 취득가액과 필요경비로 인정되는 금액이 많아질수록 양도세는 줄어든다. 그러면 경매로 취득한 부동산의 취득가액과 필요경비로 인정되는 것은 어떤 것이 있을까?

첫째, 대항력 있는 임차인의 보증금이다. 대항력 있는 임차인의 보증금 중 매수인에게 인수되는 금액은 취득금액으로 인정된다는 뜻이다. 「주택임대차보호법」 제3조에 의한 보증금은 매수 후 보증금의 반환의무가 전 소유자가 아니라 매수인에게 있기 때문이다. 해당 보증금은 임차인이 임차물을 반환할 때 반환해줘야 한다. 이때 임차인이 경매에 참여하여 매수한 경우 본인의 보증금에 대해 본인이 인수하는 결과가 된다. 결과적으로 임차권은 혼동으로 소멸한다. 그리고 이때의 임차보증금은 취득의 대가관계에 있으므로 취득가액에 포함된다. 반면 대항력이 없는 임차인이라면 보증금은 취득가액에 포함되지 않는다.

둘째, 유치권자에게 지급하는 금액이다. 「민사집행법」 제91조에 따라 유치권자에게 변제한 금액은 필요경비로 인정된다. 즉 유치권이 성립하여 법적으로 지급할 의무가 있는 경우에는 양도시 경비로 인정된다. 반면 법적 지급의무가 없는 경우에는 실제로 지급했다 하더라도 경비로 인정되지 않는다. 즉 법적 지급의무 없이 유치권을 주장하는 자에게 합의 또는 화해금으로 지급한 경우에는 필요경비가 아니다.

셋째, 대위변제한 금액이다. 대위변제한 금액이 필요경비가 되기 위해서는 법적으로 변제할 의무가 있어야 한다. 변제의 법적 의무 없이 임의로 지급한 대위변제금액은 필요경비로 인정되지 않는다. 그리고 대위변제금액이 필요경비가 되려면 구상권을 행사할 수 없어야 한다. 채무를 대위변제한 자는 본래의 채무자에게 구상권을 행사할 수 있다. 이렇게 구상권을 행사할 수 있는 것은 필요경비로 인정되지 않는다. 임차인이 보증금의 순위 보전을 위해 선순위 채권액을 대위 변제한 것도 임의변제에 해당하므로 필요경비가 아니다. 또한 구상권을 행사할 수 있는 것은 구상청구권을 포기한 경우에도 필요경비로 인정되지 않는다.

넷째 매수인이 전 소유자의 미납관리비를 지급한 경우 공용부분 관리비는 필요경비에 해당된다. 반면 전용부분에 대한 관리비는 필요경비로 인정되지 않는다(대법원 2012두28285 참조).

경매로 취득한 부동산과 관련된 비용은 명칭이 동일하거나 유사한 경우라도 각각의 조건에 따라 경비로 인정되는 것도 있고 아닌 것도 있다. 경비인정 여부는 향후 양도시 양도세의 크기에 영향을 미치므로 중요한 요소이다. 경매를 할 때는 이처럼 세금에 대한 이해도 수반되어야 함을 명심하자.

・상속 전에 부동산을 급하게 처분하면 안 되는 이유

세금에 대한 사람들의 걱정이 지나친 경우가 있다. 상속세의 경우도 마찬가지다. 상속세가 많이 나올 것을 지나치게 염려하여 서둘러 재산을 처분하는 경우가 있다. 그러나 득실을 따져볼 겨를도 없이 매각을 진행할 경우 큰 손해가 될 수 있다. 부모 입장에서는 자녀들에게 세금부담을 덜어주려는 생각이었을 것이다. 그리고 본인 사후에 자녀들끼리 재산분배 문제로 다툼이 생기는 것을 걱정했을 수도 있다. 이 과정에서 부동산을 성급하게 처분하는 경우 2가지 경로를 통해 손해가 발생할 수 있다.

첫 번째는 부동산 처분 후 6개월 내에 상속이 개시되는 경우다. 상속이 발생할 경우 재산을 평가할 때 시가로 평가하는 것을 원칙으로 한다. 시가란 불특정 다수 사이에 자유롭게 거래가 이뤄질 때 통상 성립된다고 인정되는 금액을 말한다. 이때 재산의 평가시점은 상속개시일이다. 그런데 상속개시일 전·후 6개월 이내에 매매가 된 경우 그 금액이 시가가 된다.

부동산의 경우 유사한 매매사례 등이 없는 경우 시세보다 낮은 공시지가로 계산한다. 즉 처분하지 않았더라면 상대적으로 더 낮은 금액으로 평가될 수 있는 기회가 있었던 것이다.

두 번째는 부동산 처분 후 2년(또는 5년) 내에 상속이 개시되는 경우다. 상속세가 사망 당시의 재산에 대해서만 부과되는 것으로 아는 사람도 많다. 그런데 처분 후 2년(또는 5년) 내 상속이 일어날 경우 처분금액의 용도가 명백하지 않으면 상속받은 것으로 추정된다. 구체적으로 처분한 금액이 상속개시일 전 1년 이내에 2억 원 이상(또는 2년 이내에 5억 원 이상)인 경우로서 용도가 객관적으로 입증되지 않은 금액은 상속된 것으로 본다. 상속인들 입장에서는 부동산의 처분 자금의 사용처를 정확히 모르는 경우도 있을 수 있다. 이때는 억울하게 세금이 부과된다고 느낄 수 있다.

만약 부동산의 처분금액이 위의 기간별로 2억 원(또는 5억 원) 미만 이라면 용도를 밝히지 않아도 된다. 다만 이 경우 세금이 없다는 뜻은 아니다. 처분금액이 어디로 갔는지 입증할 책임이 납세자에게서 과세 당국으로 전환된다는 뜻이다. 즉 금액 미만인 경우라도 부동산의 처분 대금이 상속인에게 사전에 증여된 것이 명백하면 증여세는 부과된다.

당연하게도 사람은 자기가 죽을 날을 미리 알지 못한다. 부동산을 처분하고 상당 기간 건강할 것으로 생각되어도 세상일은 누구도 장담할 수 없는 것이다. 하물며 지병이 있거나 고령·병환으로 치료를 받고 있다면 더욱 그렇다. 따라서 부동산을 처분할 때는 좋은 가격으로 잘 파는 것만으로는 부족하다. 반드시 세금 득실을 따져보고 처분에 신중을 기해야 한다.

• 혼인신고 한 당일에 사망하면 배우자 상속공제를 받을 수 있을까?

집값도 오르고 땅값도 올랐다. 게다가 금값도 올랐다. 전반적인 자산가격의 상승으로 인해 그동안에는 자산가들만의 것이라고 생각했던 상속세와 증여세에 대한 관심이 점차 늘고 있다. 물론 그렇다 해도 아직 상속세와 증여세 납세인원의 수는 그렇게까지 크진 않다. 다만 그 인원은 점점 더 늘고 있는 추세다.

자연히 증여뿐 아니라 상속세와 상속세의 계산구조까지 궁금해 하는 경우도 늘고 있다. 상속세는 유산과세라고 해서 피상속인(돌아가신 분)의 재산 전체에 대하여 부과된다. 이때 기본적으로 빼주는 금액이 있다. 이를 상속공제라고 한다. 상속공제는 크게 기초공제 및 항목별 인적공제, 그리고 일괄공제와 배우자공제로 구성되어 있다. 공제금액은 상속세를 계산할 때 차감해주는 것이므로 공제가 많을수록 세금은 줄어든다. 상속세 세율은 누진세율이기 때문에 공제를 빼고 남은 금액이 클수록 더 높은 세율이 적용되기 때문이다. 만약 상속재산이 공제금액보다 적으면 당연히 세금도 없다.

상속공제는 인적공제와 물적공제 2가지다. 인적공제는 다시 기초공제, 기타인적공제와 일괄공제, 배우자공제로 나뉜다. 물적공제에는 금융재산공제, 재해손실공제, 동거주택상속공제가 있는데 금융재산 공제는 최대 2억 원, 동거주택상속공제는 최대 5억 원이다. 그리고 기초공제는 2억 원이다. 상속인이 거주자인지 비거주자인지도 따지지 않고 무조건 2억 원을 빼준다. 이보다 적은 금액의 상속재산이라면 상속인이 물려받아도 본인의 생활안정상 기초라고 보는 것이다.

기타인적공제는 피상속인이 거주자인 경우에만 적용된다. 자녀 1명당 5천만 원, 배우자를 제외한 상속인 및 동거가족 중 미성년자가 있으면 19세가 될 때까지의 연수(年數)에 1천만 원을 곱한 금액, 배우자가 아닌 상속인과 동거가족 중 65세 이상인 사람에 대해서는 5천만 원, 배우자를 포함한 상속인과 동거가족 중 장애인이 있으면 상속개시일 현재의 성별·연령별 기대여명의 연수(年數)에 1천만 원을 곱한 금액이다. 이때 연수의 계산은 만으로 하되 1년 미만의 기간은 1년으로 본다. 그런데 만약 기초공제와 기타인적공제액을 합한 금액이 3억 원보다 적다면 일괄적으로 5억 원을 공제한다.

배우자공제는 ① 배우자의 법정상속분 ② 30억 원 ③ 배우자가 실제로 상속받은 금액 중 적은 금액이다. 만약 배우자가 실제 상속받은 금액이 없거나 5억 원 미만이면 5억 원을 공제한다. 즉 배우자상속 공제를 활용하면 최대 30억 원까지 공제된다. 물론 이는 배우자의 법정상속지분을 한도로 하기 때문에 상속재산을 배우자의 법정상속 지분과 30억 원 중 적은 금액만큼을 실제로 상속받으면 그게 최대치가 된다. 어쨌든 상속재산이 많다면 배우자상속공제를 잘 활용하는 것이 중요하다.

이러한 각 공제를 인적공제 기준·금액 기준으로 정리하면 아버님이 돌아가셨을 때 어머님이 생존해 계시고 자녀들이 있다면 최소 10억 원, 어머님이 앞서 돌아가신 상태였다면 5억 원, 자녀 없이 배우자만 있었다면 7억 원이 공제된다. 배우자와 자녀들이 있는 상태에서 배우자 공제를 최대로 받는다면 35억 원(기타인적공제가 3억 원보다 적어서 일괄 공제될 경우)까지 공제된다. 역시나 배우자 공제가 상당히 크다.

그러면 공교롭게도 혼인신고를 한 당일에 배우자 일방이 사망하였다면 배우자공제를 받을 수 있을까? 결론은 받을 수 있다. 세법은 혼인에 관하여 「민법」의 규정을 준용하는데 「민법」에서 혼인은 법률혼주의를 채택하고 있고 행정관청이 혼인 성립의 요건을 검토하여 혼인신고를 접수하면 이로써 적법한 혼인이 되어 확정력이 발생하기 때문이다.

・재건축이 지연되어 오히려 득이 되었다?

새옹지마(塞翁之馬)는 말 그대로 변방에 사는 노인의 말이란 뜻이다. 노인의 말이 국경을 넘어 도망쳐 사람들이 위로하자 노인은 나쁜 일처럼 보이지만 좋은 일이 될 수도 있다고 말한다. 얼마 뒤 말은 암컷 말과 함께 돌아와 말이 2마리가 되었다. 이번에는 사람들이 축하하자 노인은 이게 나쁜 일이 될 수도 있다고 한다. 며칠 후 노인의 아들이 그 말을 타다가 떨어져 다리가 부러졌다. 이번에는 다시 사람들이 위로하자 거꾸로 이 일이 다시 좋은 일이 될 수 있다고 말한다. 얼마 뒤 전쟁이 터져 젊은이들이 모두 전쟁에 나갔으나 노인의 아들은 다리가 부러져 전쟁에 나가지 않았다. 세상일의 좋고 나쁨은 미리 예측하기 어렵다는 뜻의 고사이다. 좋은 일이라고 생각한 일이 나쁜 일이 되기도 하고, 반대로 나쁜 일이라고 생각한 일이 좋은 일이 되기도 한다.

개포주공1단지를 소유한 다주택자 A씨는 재건축이 지연되어 속을 끓였다. 개포주공1단지는 2015년 4월 사업 시행인가를 받았다. 그리고 2017년 8·2대책이 발표되었다. 서울 전 지역이 투기과열지구로 지정되면서 입주권 양도가 금지된 것이다. 양도가 금지되었으니 팔고 싶어도 팔수가 없었다. 게다가 8·2대책으로 다주택자의 양도세가 중과되면서 세금부담 때문에 다른 집을 팔기도 힘들었다. 그런데 입주권을 팔 수 없게 된 이 상황으로 인해 가격상승의 이득을 누리게 되었다. 2017년 8월 10억7천만 원이던 가격이 양도세 중과가 본격 시행된 2018년 4월에는 14억2천만 원까지 오른 것이다. 좋은 일이 되었다. 한편 얼마간 속도를 내던 재건축사업은 그 이후 세입자 일부의 이주가 미뤄지면서 또 지연되었다. 일부 세입자들이 이주를 거부한 것이다. 재건축 진행이 더욱 더뎌지게 되면서 다시 속을 끓이는 시간이 이어졌다. 결국 3년 넘게 착공이 이뤄지지 않았다. 여기서 다시 반전이 일어났다. 착공 지연으로 인해 오히려 입주권을 양도할 기회가 생긴 것이다.

주택이 재건축이나 재개발되는 경우 관리처분인가일 이후에는 조합원분양권(=입주권)이 된다. 「도시 및 주거환경정비법」상 조합 설립 이후에는 입주권 양도가 제한된다. 서울 등 투기과열지구에서는 10년 이상 소유하고 5년 이상 거주한 1세대 1주택자 등에게만 조합원 입주권 양도가 허용된다. 이러한 조건에 해당되지 않는 입주권을 사는 사람은 조합원 지위가 승계되지 않고 현금청산 된다. 그런데 예외적으로 조합원 지위가 승계되는 경우가 있다. 각 사업단계별로 다음 단계 진행이 3년간 되지 않고 지연된 경우에는 조합원지위가 승계된다. 예를 들어 조합을 설립하고 3년 내에 사업시행인가를 받지 못한 경우가 이에 해당한다. 또한 사업시행인가일로부터 3년 이내 착공하지 못한 경우도 마찬가지다. 따라서 이때는 큰 손해 없이 양도할 수 있다.

재건축사업이 지연되는 경우 일반적으로 손해가 될 가능성이 크다. 반면에 지연으로 인해 더 큰 이익을 얻거나 매각의 기회가 생기기도 한다. 게다가 세금 측면에서는 오히려 득이 되기도 한다. 현행 세법상 주택은 중과세대상이지만 입주권은 중과대상이 아니다. 다주택자의 경우에도 일반세율로 과세되는 것이다. 만약 관리처분인가일 전에 취득했다면 취득일로부터 관리처분인가일까지의 기간(3년 이상일 때)에 대해 장기보유특별공제도 받을 수 있다. A씨가 1주택자였고 만약 관리처분인가일 현재 1주택 비과세요건을 갖춘 경우라면 양도 소득세 비과세도 받을 수 있다.

• 개발제한구역 내 이축권과 이주자택지분양권, 수용 우선분양권

토지에는 이름표가 있다. 흔히 알고 있는 토지의 지목(대지, 전, 답 등 28개의 구분)보다 더 중요한 것이 바로 이름표, 용도지역과 용도구역이다. 이 용도지역·구역을 확인할 수 있는 서류가 바로 토지이용계획확인원이다. 토지이용계획확인원에는 토지의 개발과 이용에 관한 사항이 표시된다. 이러한 제한 사항은 「국토의 계획 및 이용에 관한 법률」에 의해 지정되는데 대표적인 것이 개발제한구역이다.

국토교통부장관은 도시의 무질서한 확산을 방지하고 도시 주변의 자연환경을 보전하여 도시민의 건전한 생활환경을 확보하기 위하여 도시의 개발을 제한할 필요가 있는 경우 개발제한구역을 지정·변경할 수 있다(「국토의 계획 및 이용에 관한 법률」 제38조 참조). 개발제한구역의 지정이나 변경은 「개발제한구역의 지정 및 관리에 관한 특별조치법」 (이하 「개발제한구역 특별법」)에서 정한다.

이때 특별법 우선의 원칙에 의해 「국토의 계획 및 이용에 관한 법률」 상의 용도지역 등 기준보다 특별법인 「개발제한구역 특별법」에 의한 행위 제한이 적용된다. 개발제한구역으로 지정되면 건축, 용도 변경, 공작물 설치, 토지의 형질변경, 죽목의 벌채, 토지분할 등이 제한된다. 다만 건축을 수반하지 않는 토지의 형질변경으로 영농에 필요한 경우 등에 제한적으로 허용된다.

이때 건축 등이 허용되는 예외적인 경우가 있다. 개발제한구역에 주택을 소유·거주하는 농업인이 영농을 위해 또는 공익사업으로 기존 주택을 철거하는 경우다. 이 경우 자기 소유의 농장 또는 과수원이나 국토교통부령으로 정하는 입지기준에 맞는 곳에 신축할 수 있다. 이를 이축권이라 한다. 즉 집이나 건물을 옮겨 지을 수 있는 권리다. 이러한 권리는 조건에 따라 타인에게 양도될 수 있다. 원칙적으로 이축권은 건물을 건축할 수 있는 권리를 의미할 뿐 부동산을 취득할 수 있는 권리, 즉 양도세의 대상이 아니었다(대법원 98두205, 대법원 2016두58048 참조). 그러나 세법의 개정으로 2020년 1월 1일 이후 양도분부터 부동산과 함께 양도하는 이축권은 양도세로 과세한다. 다만 둘 이상의 감정평가를 받아 부동산의 가격과 별개로 구분하면 양도세가 아닌 기타소득으로 과세한다. 기타소득이 되면 필요경비 60%를 차감하고 나머지에 대해서만 세금을 내게 된다.

이축권과 비슷해 보이지만 다른 것으로 이주자택지분양권과 수용우선분양권이 있다. 이주자택지분양권은 공익사업의 진행으로 부동산이 수용된 경우 보상금과는 별개로 지급되는 신규 택지의 분양권이다. 수용우선분양권도 이와 비슷한데 장차 조성될 토지를 우선 분양받을 수 있는 권리다. 이축권과 달리 이 둘은 둘 다 양도세 과세대상이다. 따라서 양도시 부동산을 취득할 수 있는 권리의 양도에 따른 양도세로 세금을 납부한다. 기타소득으로 과세될 수도 있는 이축권과는 다르다. 비슷해 보이지만 다 제각각이다. 결국 세금을 살필 때는 서로 비슷해 보이는 것들이라도 더 꼼꼼한 확인이 필요하다.

· 소송비용, 화해비용도 양도세 필요경비로 인정받을 수 있을까?

양도세가 계산되는 구조를 이해하면 양도세를 줄일 수 있는 포인트를 발견할 수 있다. 양도세를 계산하기 위해서는 우선 양도차익과 과세표준을 구해야 한다. 양도세 과세표준이 구해지면 여기에 세율을 곱하여 세액이 산출된다. 양도차익은 양도가액에서 취득가액과 필요경비를 차감하여 계산한다.

쉽게 말하자면 양도가액은 판 가격, 취득가격은 산 가격이다. 그리고 필요경비는 자본적 지출과 양도비용이다. 취득가액의 경우 해당 자산을 취득하는 데 소요된 실지거래가액을 말한다. 구체적으로 ① 취득과 관련된 대가로 지급되고 ② 실지로 지출되었거나 지출할 가액으로서 ③ 직접 대가는 물론 취득과 관련하여 지출한 부대비용을 포함한다. 따라서 매입가격과 취득세 등 제세공과금, 중개수수료, 할부이자는 포함된다. 그러나 금융기관 차입금에 대한 이자와 대금 납부로 인한 연체료는 비용인정이 되지 않는다. 매매대금의 지급수단으로 활용된 것으로 보기 때문이다.

그러면 소송비용과 화해비용도 양도세의 필요경비로 인정받을 수 있을까? 취득에 관한 쟁송이 있는 자산에 대하여 그 소유권 등을 확보하기 위하여 직접 소요된 소용비용·화해비용과 인지대는 필요경비로 인정된다. 이때 소송비용과 변호사의 보수 등 자산의 소유권을 확보하기 위해 직접 소요된 비용도 경비로 인정된다(「소득세법 시행령」 제163조 제1항 및 제3항 참조). 반면 변호사에게 지급한 승소사례금은 양도자산의 필요경비에 해당하지 않는다.

한편 양도차익을 계산할 때 양도가액에서 공제할 필요경비 중에 하나로 '자본적 지출액'이 있다. 또한 '양도자산을 취득한 후 소유권 확보를 위해 직접 소요된 소송비용·화해비용은 자본적 지출에 해당

한다. 토지 등의 협의매수 또는 수용에 따른 보상금의 증액소송은 토지의 양도가액 확정을 위한 소송이다. 그리고 보상금 증액소송에서는 증액된 금액을 기준으로 양도세가 과세된다. 따라서 그로 인한 비용을 필요경비로 공제하지 않으면 양도소득세를 부과하는 입법취지에 부합하지 않는다. 결과적으로 협의매수 또는 수용에 따른 보상금의 증액과 관련한 소송비용·화해비용은 필요경비로 인정된다 (대법원 2016두1059, 대법원 2016두56578 참조).

세법은 실질과세라는 원칙을 두고 있다. 따라서 명칭이나 형식과는 상관없이 실질에 의해 과세한다. 그리고 양도세의 필요경비는 그 취득 전후로 양도물건의 취득에 직접 소요된 것이어야 한다. 경우에 따라서는 유사해 보이는 비용의 경우에도 경비인정의 대상이 아닌 경우도 있다. 같은 변호사비용이라도 소유권 확보를 위한 변호사 비용은 필요경비지만 승소사례금은 비용이 아닌 것이다. 때문에 당사자로서는 비용처리에 대한 원칙을 파악하는 것이 중요하다. 아울러 취득·보유·양도의 각 과정에서 발생한 비용은 가능한 자세하게 관련 자료를 확보해두고 비용 소명에 대한 준비를 하는 것이 중요하다.

·2021년부터는 분양권도 주택 수에 포함

주택 분양권은 주택을 취득할 수 있는 권리다. 「주택법」과 「주택공급에 관한 규칙」 그리고 「도시 및 주거환경정비법」 등에 의해 공급되는 주택의 소유권을 취득할 수 있는 권리라는 말이다. 따라서 분양권의 경우 원칙적으로 해당 주택이 준공 또는 임시사용승인으로 완성될 때까지는 주택이 아니다.

그러므로 분양권을 양도하게 되면 권리의 양도에 따른 세금을 내지 주택 양도에 따른 세금을 내지는 않는다. 분양권의 양도시 양도소득세의 세율은 양도 시점에 따라 다르다. 2021. 5. 31. 이전까지 양도하는 경우 조정대상지역에서는 50% 세율이며 지방소득세 10%를 더하면 최종 세율은 55%다. 반면 조정대상지역이 아닌 곳에서는 기본세율(6%~45%)이다. 다만 분양권의 보유기간이 1년 미만이라면 50%, 1년 이상 2년 미만일 때는 40% 세율이다. 마찬가지로 지방소득세 10%씩을 더하면 최종 세율은 6.6%~49.5%, 55%, 44% 세율이 된다. 그리고 2021. 6. 1. 이후 양도하는 경우에는 조정대상지역인지 여부를 불문하고 보유기간이 1년 미만이면 70%, 1년 이상이면 60% 세율이 적용된다. 지방소득세 10%를 고려하면 각각 77%, 66%의 세율이 된다.

분양권과 비슷한 것으로 조합원 입주권이 있다. 조합원 입주권은 분양권과 마찬가지로 주택을 취득할 수 있는 권리이지만 그 원천이 「도시 및 주거환경정비법」에 의해 멸실을 하기 전 주택의 소유자로서의 권리, 즉 정비사업조합의 조합원인 경우를 입주권이라 한다. 또한 조합원의 권리가 승계될 수 있는 일정한 요건을 갖춘 경우에는 원조합원이 아니더라도 입주권을 소유할 수 있다. 이를 승계조합원이라 한다.

그런데 입주권은 분양권과 달리 애초에 주택을 소유하고 있던 것이고 준공으로 다시 주택을 취득할 것이기 때문에 집이 멸실된 이후에도 일정한 요건 하에 주택을 가지고 있는 것으로 본다. 따라서 멸실 후 권리인 상태에서도 입주권은 주택 수에 포함된다. 즉 소유한 다른 주택을 매각하는 경우 입주권도 주택 수에 포함되므로 다른 주택을 비과세 받지 못할 수도 있고 다주택으로 중과세될 수도 있다.

이와는 달리 분양권은 원래 다른 주택을 매각할 때 주택 수에 포함되지 않았다. 그러나 세법의 개정으로 2021. 1. 1. 이후에 새로 분양받거나 구입한 분양권의 경우 다른 주택 양도시에 주택 수에 포함된다. 따라서 분양권이 있는 상태에서 다른 주택을 매도할 경우 다주택으로 중과세되거나 1주택 비과세를 받지 못할 수 있다. 물론 일시적 2주택 요건을 충족한 경우 또는 실수요 목적의 요건을 갖추어 기존 주택을 양도하는 경우에는 중과세되지 않고 비과세도 받을 수 있긴 하다. 그리고 법 개정으로 인한 피해를 방지하기 위해 2020. 12. 31. 이전에 취득한 분양권은 주택 수에 포함되지 않는다.

또한 양도세뿐 아니라 취득세에서도 주택 수에 따라 취득세의 세율이 달라지므로 분양권이 있는 경우 취득세의 중과세도 주의해야 한다. 게다가 취득세 중과세 규정은 양도세와 달리 2020. 8. 12. 이후 취득하는 것부터 주택 수에 포함된다. 취득세를 규정한 지방세법이 한발 빨리 작년에 개정되었기 때문이다. 양도세와 마찬가지로 일시적 2주택 (1주택과 분양권) 요건이나 실수요 요건(준공 전후 2년 내 기존주택 매각 & 준공된 집으로 2년 내 세대 전원이 이사하여 1년 이상 거주)을 갖춘 경우에는 양도세의 경우처럼 중과세되지 않고 비과세도 될 수 있다. 또한 취득세 중과규정이 2020년 7 · 10대책에서 발표되었기 때문에 2020. 7. 10.을 기준으로 그전에 계약하고 계약금을 지급한 것은 분양권이 준공되어 주택이 될 때는 종전대로 중과세율이 아닌 일반 세율이 적용된다.

주의할 점은 2020. 8. 12. 이후 분양권을 포함한 다주택에 따른 취득세의 경우엔 분양권의 취득시점이 기준이다. 분양권의 해당 주택이 준공되어 등기할 때의 주택 수가 아니라 분양권 계약일 시점의 주택 수에 따라 향후 준공된 집의 취득세 중과세를 판단한다는 점이다. 즉 분양권 취득시점에 다주택이면서 일시적 2주택 요건을 갖추지 못했다면 준공 전에 다른 집을 이미 매각했어도 다주택에 따른 취득세를 내야 한다.

· 바닷가 아파트를 별장으로 등록할 수 있을까?

세금은 국가가 공권력에 의해 일반국민으로부터 반대급부 없이 강제로 징수하는 금전이나 재물이다. 따라서 세금의 요건 · 부과 · 징수의 절차를 정한 법령과 규칙은 일의적이고 명확해야 한다. 이를 과세요건 명확주의라고 한다. 납세자가 보기에 그 뜻이 분명하게 되어 있고 해석에 따라 달라지는 일이 가능한 없어야 한다.

하지만 경제의 상황이나 사회의 현상이 매우 다양하게 변화하고 각 분야의 개념이 초세분화 되고 있다. 세법이 변화하는 세태를 완전히 따라가지 못하는 경우도 발생할 수 있고, 현실적으로 개념을 명확하게 정의하기 어려운 경우도 있다. 또한 세법은 명확하게 구분하고 있다고 하지만 납세자들이 일반적으로 생각할 때는 충분히 혼동되는 개념도 있을 수 있다.

예를 들어 '주택과 별장의 구분'이라고 하는 개념이 그렇다. 세법상 주택은 '상시 주거용으로 사용하는 건물과 그 부속토지'를 말한다. 이에 비하여 별장은 '실제 거주하지 않고 상시 주거용으로 사용하지 않으며 휴양시설로 이용하는 건물과 그 부속토지'를 말한다. 즉 주택과 별장은 외관상 구분되지 않는 경우가 많고 실제로 휴양을 위한 별장으로서 사용하는 경우 공부상으로는 주택으로 되어 있더라도 별장으로서 주택이 아니게 되는 경우도 있다. 그러나 문제는 상시 주거용으로 사용하였는지 또는 휴양 등을 위한 일시적 이용만 있었는지 여부는 현실적으로 명확히 구분하기 어려운 경우도 많다. 어떤 건물이 주택인지 여부는 사실관계를 종합하여 판단할 문제로 남는다. 이 때문에 주택과 별장에 대해 납세자들이 느끼기에는 이럴 수도 있고 저럴 수도 있는 문제(耳懸鈴鼻懸鈴, 이현령비현령)로 비춰질 수 있다.

이에 관하여 대법원은 "'주택'에 해당하는지 여부는 건물공부상의 용도구분에 관계없이 실제 용도가 사실상 주거에 공하는 건물인가에 의하여 판단하여야 하고, 일시적으로 주거가 아닌 다른 용도로 사용되고 있다고 하더라도 그 구조·기능이나 시설 등이 본래 주거용으로서 주거용에 적합한 상태에 있고 주거기능이 그대로 유지·관리되고 있어 언제든지 본인이나 제3자가 주택으로 사용할 수 있는 건물의 경우에는 이를 주택으로 보아야 한다."고 판시하고 있다(대법원 2004두1496판결 참조).

또한 "아파트를 별장 용도로 사용하였다고 하더라도 아파트 같은 경우를 1세대 1주택의 양도소득세 비과세 적용에 있어 주택에 해당되지 않는 것으로 보는 비과세 관행이 존재한다고 할 수 없다."고 판시하고 있다(대법원 2018두41051 판결 참조).

같은 맥락에서 조세심판원에서도 연립주택의 경우 "당초부터 주거 목적으로 설계된 구조이며 언제든지 주거에 공할 수 있는 상태인 경우 「지방세법」상 별장으로서 신고하여 해당 재산세를 납부해오고 있었다고 하더라도 이는 다른 주택의 양도시 주택 수에서 제외되는 별장에 해당되지 않는다."고 판시한 바 있다(조심2015서3528 심판례 참조).

결과적으로 우리 세법은 아파트나 연립주택의 경우 상시주거용이 아닌 별장으로 사용했다 하더라도 주택 수에서 제외되는 별장이 되는 것은 아니라고 판단하고 있다. 다만 이에 대한 명문상의 규정 없이 해석과 판례에만 의존하여 사실관계를 구분함으로써, 이른바 세법을 충분히 이해하기 어려운 선량한 납세의무자가 이에 대한 판단에 혼선을 가져올 여지를 남기고 있다는 한계가 있다. 따라서 이에 관한 규정을 명확히 할 필요가 있다. 어쨌든 아파트는 별장으로 등록할 수 없다.

* 주택과 별장의 구분

구분	주택	별장
용도	상시주거용으로 사용하는 건물 및 부속토지	상시주거용 외에 휴양 등의 용도로 사용하는 건물 및 부속토지
주요사항	1주택 비과세 및 중과세 주택 수 대상	1주택 비과세 및 중과세 주택 수 대상 아님

·재개발·재건축, 대체 취득이 뭘까?

재건축이나 재개발이 진행되면 정비계획 수립, 추진위 승인, 안전진단과 조합설립, 사업시행인가, 관리처분인가를 거쳐 공사와 준공까지 단계적으로 진행된다. 이 과정에서 세대 기준 1주택자라면 해당 주택이 멸실되므로 사업시행 기간 동안 거주할 곳이 필요해 진다.

따라서 이런 경우 거주를 취해 대체 취득하는 주택에 대해서는 일정한 요건하에 양도세를 비과세 한다(「소득세법 시행령」 제156조의 2 제5항 참조). 또한 이때의 비과세는 원래의 비과세 요건(2년 이상 보유, 조정대상지역에서는 2년 이상 거주)과는 별개로 보유기간과 거주기간에 특례를 두고 있다. 즉 2년 이상 보유하지 않아도, 2년 이상 거주하지 않아도 비과세가 가능하다.

대신 일정한 조건은 갖추어야 한다. 그 조건은 다음과 같다. 첫째 「도시 및 주거환경정비법」 또는 「빈집 및 소규모 주택 정비에 관한 특례법」에 의한 재건축, 재개발, 소규모재건축사업에 의한 조합원이어야 한다. 둘째 사업시행인가일 현재 세대를 기준으로 1주택이어야 한다. 셋째 사업시행인가일 이후 거주를 위한 대체 취득을 해야 한다. 이때 취득의 기준은 소유권이전등기일과 잔금일 중 빠른 날이다. 넷째 대체 취득한 주택에서 1년 이상 거주해야 한다. 재건축되어 새로 취득하게 되는 주택이 완성되면 2년 이내에 세대 전원이 이사하여 1년 이상 계속 거주해야 한다. 다만 기획재정부령으로 정하는 취학, 근무상의 형편이나 질병의 요양 등으로 세대원 일부가 이사하지 못한 경우는 괜찮다. 마찬가지로 주택이 완성된 후 2년 이내에 취학 또는 근무상의 형편으로 1년 이상 계속 국외에 거주하게 되어 세대 전원이 출국하는 경우에는 출국사유가 해소되어 입국한 후 1년 이상 거주하면 된다(출국 후 3년 내에 해소되는 경우에 한함). 끝으로 재건축 등으로 새로 취득하는 주택이 완성되기 전·후 2년 이내에 대체 취득한 주택을 양도하면 된다.

요건이 까다롭기는 하지만 이와 같은 조건에만 부합하면 대체 취득한 주택을 양도하는 시점에 재건축된 주택까지 총 2채의 주택을 가진 상태에서 양도하더라도 다주택으로 중과되지도 않으며 비과세도 받을 수 있다. 게다가 대체 취득한 주택은 2년 이상 보유하지 않아도, 2년 이상 거주하지 않아도 1년 이상만 거주한다면 비과세가 가능하다. 이는 재건축 등으로 인한 대체 취득 주택의 경우 실수요 목적이라고 인정하여 특혜를 주는 것이다.

양도세에서의 요건과는 달리 취득세에서는 기준이 조금 다르다. 재건축사업으로 거주하던 주택(A)에서 퇴거하면서 신규 주택(B)을 취득하여 이사한 경우에는 1주택에 따른 취득세만 내면 된다(「지방세법 시행령」 제28조의 5 제3항 참조). 또한 향후 재건축된 주택에 다시 입주하면서 신규 주택을 처분하는 경우 재건축된 주택 입주시점부터 3년 (조정대상지역에서는 1년) 내에 신규 주택(B)을 처분하는 경우에도 일시적 2주택으로 보아 1주택에 따른 취득세만 내면 된다.

양도세와는 대체 취득 주택(=신규 주택)의 조건이 다르다. 이제 취득세에서도 다주택 취득인 경우 세율이 중과되는데 대체 취득인 경우에는 또 양도세에서의 특례와 취득세에서의 특례가 다르므로 각각의 조건을 잘 따져볼 필요가 있다. 어쨌든 취득과 양도 각각의 세법이 더 복잡해졌으니 이제 세금공부가 더 절실한 시점이 됐다.

* 대체 취득 주택의 비과세 요건

구분	요건
기존 주택	「도시 및 주거환경정비법」 등에 의해 입주권으로 바뀐 후 준공되어 신축된 주택으로 2년 내에 세대 전원이 이사하여 1년 이상 거주할 것
대체 취득 주택	「도시 및 주거환경정비법」 등에 의해 기존 주택이 재건축, 재개발되어 사업시행인가를 받은 후 대체 취득 주택을 구입하여 1년 이상 거주한 후 기존 주택 신축 후 2년 내 대체 취득 주택을 양도할 것

• 다가구주택과 다세대주택, 대체 뭐가 어떻게 다를까?

「건축법」 상 다가구주택이란 주택으로 쓰이는 층수가 3개층 이하인 것으로 1개동의 주택 바닥면적합계가 660㎡ 이하이고 19세대 이하가 거주하는 것을 말한다. 다만 1층이 필로티 구조로 주차장으로 쓰이는 경우 해당 층은 주택의 층수에서 제외된다. 다가구주택은 단독주택의 한 종류이다.

그리고 다세대주택이란 공동주택의 한 종류로서 주택으로 쓰는 1개동의 바닥면적 합계가 660㎡ 이하이고 층수가 4개층 이하인 것을 말한다. 따라서 다세대주택은 면적과 층수에서 다가구주택의 기준과 일부가 겹친다. 결국 다가구와 다세대를 가르는 기준 중 하나는 주택으로 사용하는 층수이다. 주택으로 사용하는 층수가 4개층일 경우 다세대주택으로 본다(「건축법 시행령」 별표 1 참조). 또한 3개층 이하인 경우 다가구주택일 수도 있고 다세대주택일 수도 있다. 이때는 각 세대가 거주할 수 있는 공간별로 구분하여 집합건물의 소유 및 권리에 관한 법률과 「부동산등기법」에 의해 개별등기가 되어 있는 경우에는 다세대주택으로 본다.

다가구주택과 다세대주택은 외관상 쉽게 구분되지 않는다. 즉 주택으로 사용하는 층수 등 외관은 물론 등기부등본까지 확인해야만 서로를 구분할 수 있다. 특히 경우에 따라 다세대주택도 전체를 1명이 소유하는 경우가 많다. 주로 소유자가 신축을 한 경우가 그러하다.

주택으로 사용되는 어떤 건물을 다가구주택으로 볼 것인지 다세대주택으로 볼 것인지 여부는 특히 세법에서 중요한 의미를 가진다. 외관상 비슷한 형태를 가진 주택이 다가구주택으로 분류되는지 다세대주택으로 분류되는지에 따라 세법에서의 차이가 크게 나타나기 때문이다.

예를 들어 다가구주택은 단독주택이므로 양도를 할 때 1주택에 대한 비과세에서 건물과 일정 범위 내에 있는 그 부수토지 전체에 대하여 비과세를 받을 수 있다. 또한 다주택자가 다른 주택을 양도하는 경우 다가구주택은 주택의 수가 1개로 계산된다. 그 안에 19세대 이하의 여러 세대가 각자 따로 거주할 수 있도록 구획된 경우에도 마찬가지다.

반면에 다세대주택은 공동주택이므로 일괄하여 양도할 경우 그 중 1개호만 비과세를 받을 수 있고 나머지는 비과세되지 않는다. 뿐만 아니라 조정대상지역인 경우 각 호가 1채씩 주택 수에 포함되므로 다주택으로 중과도 될 수 있다.

주택가격의 안정을 위해 다양한 규제가 겹치는 경우가 많아지고 있다. 이런 상황에서는 단순히 눈에 보이는 것으로만 판단하거나 기존의 상식으로만 판단할 경우 크나큰 낭패가 될 수 있다. 주택 등 부동산 양도시 그 어느 때보다 신중한 검토가 필요한 이유다.

・세법상 노인은 몇 살부터일까?

1주택 비과세는 세법의 모든 조항 중에서도 가장 중요한 항목이다. 양도세의 경우 1주택은 양도금액 9억 원까지는 양도세를 전액 비과세한다. 또한 양도금액이 9억 원을 넘는 경우에도 보유기간별로 4%, 거주기간별로 4%씩 연 8%, 최대 80%의 장기보유특별공제도 적용된다. 따라서 주택을 양도할 때 1주택 비과세에 해당하는지 여부는 매우 중요하다.

그런데 양도하는 시점에 2주택인 경우에도 일정한 요건을 갖춘 경우 1주택을 양도한 것처럼 인정되는 경우가 있다. 그 중 하나가 동거봉양에 의한 일시적 2주택이다. 즉 1주택을 보유하고 1세대를 구성하는 자가 역시 1주택을 보유하고 있는 직계존속을 동거봉양하기 위하여 세대를 합침으로써 1세대가 2주택을 보유하게 되는 경우 합친 날부터 10년 이내에 먼저 양도하는 주택은 이를 1세대 1주택으로 본다. 또한 남은 1주택도 그 후에 역시 1주택으로 비과세될 수 있게 된다.

그러면 동거봉양을 하기 위한 부모의 나이는 몇 세부터 가능할까? 이때는 60세를 기준으로 한다.

세법상 나이의 판단은 만으로 계산한다. 즉 주민등록상의 출생 연월일에 따라 60세가 넘는지 여부를 판단하고 동거봉양의 경우 연령의 판단 기준 시점은 세대합가일이 된다. 이 경우 직계존속 둘 중 한 사람만 60세를 넘으면 된다. 또한 보건복지부장관이 정하여 고시하는 중증질환, 희귀난치성질환 138개 또는 결핵환자의 경우에는 둘 다 60세 미만이라도 가능하다. 여기서의 중증질환에는 갑상선암을 포함한 모든 암과 중풍, 치매 등 병의 종류에 관계없이 장기간 치료를 요하는 경우라면 모두 해당된다. 결혼을 한 자의 경우에는 본인의 직계존속뿐 아니라 배우자의 직계존속과 합가하는 경우에도 당연히 가능하다.

합가와 분가, 재합가를 반복한 경우 최종 합친 날로부터 10년 이내 비과세요건을 갖춘 1주택을 먼저 양도할 때도 역시 동거봉양의 나이가 충족되었다면 특례가 적용된다. 그리고 장기저당담보주택, 즉 주택 연금의 담보로 제공된 주택은 자녀의 주택과 분리하여 1세대 1주택을 판정한다. 그런데 주택연금 자체가 부부 2명 중 1명이 만55세 이상인 경우 가입 가능하다.

한편 취득세에서도 동거봉양 조항이 있다. 즉 세대를 판단할 때 동거봉양하기 위해 30세 이상의 자녀, 혼인한 자녀 또는 소득요건을 충족한 30세 미만이면서 성년인 자녀가 합가한 경우 부모세대와 자녀세대를 각각 별도의 세대로 본다. 그런데 이때는 동거봉양을 위한 고령의 기준이 65세다. 부모 중 어느 한 사람이 65세 미만인 경우는 동거봉양의 요건이 된다.

또한 근로소득세 등 소득세의 연말정산에 있어서는 부양가족의 공제 기준 나이가 만60세이다. 그리고 경로우대를 위한 나이는 70세 이상이다. 동거봉양의 경우보다는 나이의 기준이 부양가족은 낮고, 경로우대는 높다.

세법과는 별개로, 서울에 거주하는 65세 이상 성인들을 대상으로 설문 조사한 결과에 따르면 이들은 평균 72.5세를 노인으로 보고 있다고 한다. 그리고 UN에서는 연령 분류를 5단계로 하고 있는데 79세까지를 중년으로 보고 80세부터를 노년으로 보고 있다. 한편 국내에서는 대법원에서 지난 30년간의 판례를 깨고 노동자의 가동 연한을 기존의 60세에서 65세로 높여서 판단하고 있다(대법원 2018다 248909 판결 참조). 다만 해당 판결은 손해배상과 관련된 판결에서 근무가능연한에 대한 판단의 기준을 제시했을 뿐이다. 따라서 노인의 나이 기준에 대한 판단은 법제도 측면에서는 여전히 사안별로 다를 수밖에 없다.

심지어 같은 세법 내에서도 세목에 따라 노인의 나이, 그 중에서도 세대의 합가와 동거봉양에 대한 부분, 소득세 공제대상에 대한 각 기준이 제각각 다르다는 점을 유념할 필요가 있다. 노인의 나이는 그때그때 다르다.

구분	취득세 동거봉양 연령	양도세 동거봉양 연령	연말정산 부양가족 연령	주택연금 가입 가능 연령
연령	65세(부모 중 1명 이상)	60세(부모 중 1명 이상)	60세(부모 각각 적용)	55세(부부 중 1명 이상)
비고	중과제외 (10년 내)	비과세, 중과제외(10년 내)	고령자공제는 70세	–

• 상속받은 주택의 보유와 거주기간은 일반적인 주택과 다르다

부동산을 양도하는 경우 양도세가 발생한다. 우선 기본적으로 부동산을 판 가격(양도가액)에서 부동산을 산 가격(취득가액)과 사고 팔 때 들어간 비용, 가지고 있는 동안 발생한 비용 중 일부(자본적 지출) 등을 뺀 가격을 양도차익이라 한다. 이 양도차익 중에서 해당 부동산의 보유기간이 3년 이상일 때 연 2%, 최대 30%의 장기보유 특별공제를 차감하여 양도소득금액이라 하고 이 양도소득금액에서 양도세 기본공제(1인당 연 250만 원)를 차감한 금액을 과세표준으로 하여 양도세를 과세한다.

그런데 부동산 중에서도 주택을 양도하는 경우에는 여러 가지 예외가 존재한다. 주택은 사람이 살아가는 데 있어 필수적인 재화이기 때문에 개인과 가족의 거주이전의 자유와 행복추구권과 같은 인간으로서의 권리를 보호하기 위해 다양한 장치가 마련되어 있다. 이 중에는 1주택에 대한 비과세와 같은 세제상의 혜택도 있고, 조정대상지역에서 다주택자가 양도하는 주택에 대한 중과세와 같은 불이익도 있다. 양도세가 비과세될 경우 양도금액 9억 원까지는 양도세가 없고 9억 원을 초과하는 경우에도 보유기간과 거주기간에 따라 장기보유특별 공제를 연 8%씩 최대 80%까지 차감 받을 수 있다. 따라서 비과세가 될 경우 양도세는 차익에 비해서 그렇게 크지 않다. 반면 양도세의 세율은 6%~45%인데 다주택으로 중과세될 경우 기본세율에 20%p 또는 30%p가 붙고, 장기보유특별공제의 적용도 배제된다. 따라서 중과세가 될 경우 양도세는 차익에 비해 매우 커진다.

　결과적으로 어떤 주택 양도시 다른 주택이 주택 수에 포함되는지 여부, 해당 부동산을 보유한 기간과 거주한 기간이 어떻게 되는지 등은 양도세의 크기를 결정하는 매우 중요한 요소다. 일반적으로 부동산의 보유기간은 취득일부터 양도일까지를 말한다. 그리고 비과세와 장기보유특별공제를 정할 때 필요한 거주기간은 소유자로서 거주한 기간으로 판단하는 것이 원칙이다.

　그런데 주택을 매매로 취득한 경우와 달리 상속을 통해 취득한 경우에는 보유기간과 거주기간의 계산에서 예외적인 기준이 적용된다. 우선 상속과 관련하여 주어진 특례 중 하나는 주택을 상속받기 전부터 가지고 있던 본인의 주택이 있는 경우다. 별도세대인 부모로부터 주택을 상속받은 경우 본인이 원래 가지고 있던 집을 먼저 팔면 상속 주택은 없는 것으로 보고 비과세를 받을 수 있다. 따로 살던 부모의 사망으로 주택이 상속된 것은 받는 시기를 선택할 수 없는 문제이기 때문이다. 또한 본인이 원래 가지고 있던 집이 아니라 상속받은 집을 먼저 팔 경우에는 상속개시일(=사망일)로부터 5년 이내에 팔면 본인 집까지 2주택 상태에서 양도하지만 중과세를 적용하지 않는다. 이와는 달리 5년 후부터는 2주택으로 중과세된다. 일정한 기간 내에 매각 하도록 중과세의 유예 기간을 둔 것이다.

주택을 포함한 부동산을 단기간만 보유하다 양도하면 단기양도에 따른 중과세율이 적용되는 것이 원칙이다. 단기양도의 경우 보유기간 1년 미만이면 70% 세율, 1년 이상 2년 미만이면 60%의 세율이 적용 된다. 지방소득세까지 합치면 77%와 66%로 매우 높다. 그러나 역시 상속주택의 경우엔 예외적인 기준이 적용된다. 보유기간의 계산은 원래 양도하는 자 본인의 명의로 취득한 날부터 양도한 날까지로 계산 하지만 상속된 부동산의 경우엔 피상속인(예컨대 사망한 부모)의 취득일부터 계산하여 단기가 아니면 된다.

상속된 부동산이 주택인 경우엔 비과세의 판단이 또한 중요하다. 예컨대 본인 소유의 주택은 없는 상태에서 부모의 집을 상속받고 그 집을 바로 양도하는 경우가 이에 해당한다. 이때는 부모와 자녀가 상속개시일 당시 같은 세대였는지 별도 세대였는지에 따라 다르다. 별도 세대인 상태에서 상속받은 경우에는 본인의 취득일(=상속개시일

=부모의 사망일) 이후부터 양도일까지의 기간만 인정된다. 반면에 부모와 같은 세대였다면, 즉 부모를 모시고 살던 상태였다면 부모님의 보유와 거주기간이 그대로 인정된다. 결국 부모님의 보유와 거주 기간에 상속개시일 이후 본인이 추가로 보유하고 거주한 기간을 합하여 비과세를 위한 보유와 거주기간을 충족했다면 비과세가 가능하다.

한편 단기양도세율의 적용이나 비과세의 판단과는 달리 장기보유 특별공제는 상속의 경우에도 피상속인(=부모)의 보유와 거주기간은 합산되지 않는다. 즉 본인(자녀)의 상속개시일 후 보유·거주 기간만으로 계산한다.

상장지통(喪杖之痛)은 인생사의 가장 큰 슬픔 중 하나다. 큰 슬픔을 잘 갈무리하고 평정심을 찾는 일은 상당한 시간이 걸리고 상을 겪으면 경황이 없을 수 있다. 그러나 부모님이 물려주신 소중한 재산이 잘 정리될 수 있도록 하기 위해서는 정신을 바짝 차려야 한다.

· 농지이용실태조사와 농지에 대한 양도세 중과세

LH사태로 인해 촉발된 「농지법」 위반 등이 세간의 관심을 끌고 있다. 이를 계기로 전국 각 지자체 등은 농지이용실태조사를 실시하여 농지원부를 정비하고 있다. 농지원부는 농지의 소유 및 이용실태의 현황을 파악하고 관리하기 위한 서류로 농업인의 주소지 시·구· 읍·면에 비치된다. 농지원부는 실제 농작물을 경작하는 자가 작성의 대상이 된다. 그리고 개인간 임대차가 허용되지 않는 농지는 한국

농어촌공사 농지은행을 통해 임대차를 확인하고 등록해야 한다.

대한민국 헌법상 농지에 대해서는 경자유전의 원칙이 있다. 따라서 원칙적으로 농지는 농사를 지을 사람만이 소유할 수 있다. 「농지법」에서는 이를 구체적으로 규정하고 있다. 농지는 자기의 농업경영에 이용하거나 이용할 자가 아니면 소유할 수 없다. 농업인과 농업법인으로 소유자격이 제한된다(「농지법」 제6조 제1항 참조).

다만 예외가 있다. 「농지법」이 시행된 1996. 1. 1. 이전부터 농지를 소유한 경우, 주말·체험 영농 목적으로 세대당 1,000㎡ 이내의 농지를 소유하는 경우, 상속으로 인해 10,000㎡ 이내의 농지를 소유하는 경우, 농지를 다른 용도로 사용하기 위해 농지전용허가를 받거나 농지전용신고를 한 자가 해당 농지를 소유하고 있는 경우 등이다.

한편 농지의 투기적 소유를 막기 위해 취득한 농지를 자기의 농업경영 등 취득목적대로 사용하지 않을 경우 시장·군수·구청장은 청문을 거쳐 농지의 처분명령을 내릴 수 있다. 또한 처분명령이 이행되지 않을 경우 이행강제금을 부과한다. 이행강제금은 농지의 ㎡당 개별공시지가×20/100×㎡ 면적으로 산출된다.

농지를 양도하는 경우 양도세 과세대상이다. 다만 8년 이상 재촌(在村)·자경(自耕)한 농지의 경우 등 일정한 조건을 갖춘 것은 양도세를 감면한다. 감면은 연간 1억 원 한도, 5년간 최대 2억 원을 한도로 받을 수 있다. 반면에 재촌·자경하지 않은 농지 등 일정한 경우에는 조건에 따라 비사업용토지로 분류하고 양도세를 중과세한다. 비사업용

토지로 중과세되면 기본세율 6%~45%보다 10%p 높은 16%~55%로 과세한다.

한편 주말·체험 영농 목적으로 세대당 1,000㎡ 이내의 농지라면 농지법에서 소유가 허용되므로 취득이 가능하다. 이 경우 해당 농지는 2021. 12. 31. 이내까지 양도하는 경우에는 사업용토지로 세금을 내면 되지만 2022. 1. 1. 이후 양도하는 것부터는 비사업용토지로서 양도세를 중과세로 내야 한다. 장기간 보유했어도 장기보유특별공제를 받을 수도 없다.

어떤 농지가 사업용토지 또는 비사업용토지인지는 기본적으로 소유자가 농지가 있는 지역에서 재촌하고 자경하는지를 기준으로 판단한다. 다만 직계존비속이나 배우자가 8년 이상 재촌자경한 농지를 상속이나 증여로 받은 경우, 법령상 사용이 제한된 토지 등 일정한 조건을 갖춘 경우에는 직접 농사를 짓지 않은 경우에도 사업용토지로 분류되기도 한다.

LH사태를 계기로 농지에 대한 투기적 소유에 대한 경계가 이뤄지고 제도의 정비도 진행되고 있다. 정당한 목적과 경위로 농지를 취득한 경우라면 이용 역시 합리적, 합법적으로 이뤄져야 한다. 가령 직접 경작이 어려운 경우라면 농어촌공사 농지은행을 통해 임대를 위탁하고 이를 통해 비사업용토지로 중과세되는 것도 피해야 할 것이다. "마음이 불편한 투자는 투자가 아니다."라는 격언을 되새길 필요가 있다.

·농지의 양도와 세금

농지를 양도하는 경우에도 양도세 과세대상이다. 다시 말해 세금을 내야 한다. 그런데 농지는 원칙적으로 농사를 짓는 사람, 농업인만 취득할 수 있다. 국가는 농지에 관하여 경자유전의 원칙이 달성될 수 있도록 노력하여야 하며, 농지의 소작제도는 금지된다(「헌법」 제121조 제1항). 다만 일정한 경우 농업인이 아니라도 농지를 취득할 수 있는 경우가 있다. 이때 농지의 임대차와 위탁경영은 법률이 정하는 바에 의해 인정된다. 즉 농업생산성의 제고와 농지의 합리적 이용을 위하거나 불가피한 사정이 있어야 하며 이 경우에도 법률에 규정이 있어야 한다(「헌법」 제121조 제2항).

「헌법」 상 경자유전의 원칙을 바탕으로 농지 및 농업인의 정의와 이용에 대하여 「농지법」이 규정하는 바를 따라야 한다. 「농지법」은 다음과 같이 규정한다. 농지는 농업 생산성을 높이는 방향으로 소유 · 이용되어야 하며, 투기의 대상이 되어서는 안 된다(「농지법」 제3조 참조). 또한 자기의 농업경영에 이용 하거나 이용할 자가 아니면 소유하지 못한다(「농지법」 제6조 참조).

다만 일정한 경우 농지의 취득이 허용되는 경우가 있다. 주말 · 체험 영농을 목적으로 농지를 소유하는 경우, 상속이나 유증으로 농지를 취득하는 경우와 이농(離農)농지, 농지전용협의나 허가를 받은 경우 등이다. 따라서 이러한 각각의 경우 일정기간 농지를 취득하다 양도할 때 세금의 기준이 서로 다르다.

원칙적으로 농지를 양도하는 경우 양도세 과세대상이지만 농업인이 8년 이상 재촌자경(在村自耕)한 경우 양도세를 감면한다. 감면의 한도는 1년에 1억 원과 5년간 다른 농지 감면과 합하여 최대 5억 원이다. 다만 이 경우 재촌과 자경의 요건은 매우 까다롭게 적용된다. 양도세 과세대상이지만 감면을 해주는 것이기 때문이다. 예컨대 2014. 7. 1. 이후(양도분)부터는 재촌자경을 했다 하더라도 사업소득금액 또는 근로소득 총급여가 연 3,700만 원을 넘은 해에는 경작기간에서 제외된다. 즉 자경해도 자경한 것으로 인정되지 않는다.

재촌자경에 대한 양도세 감면과는 반대로 부재지주의 농지 양도는 양도세를 중과한다. 재촌하지 않은 부재지주의 농지는 비사업용토지로 분류되기 때문이다. 비사업용토지로 분류되는 농지의 양도는 세율을 중과(기본세율 + 10%p) 한다.

다만 부재지주의 농지라 하더라도 2003. 12. 31. 이전에 상속받은 농지 등이거나 8년 이상 농업인으로서 재촌자경한 부모로부터 상속 · 증여 받은 경우, 농지은행에 8년 이상 위탁임대 한 경우 등 일정한 요건을 갖춘 것은 양도세 감면까지는 아니더라도 비사업용이 아닌 사업용으로 분류되어 기본세율로 과세될 수 있다. 어쨌든 이번 제도의 변경을 통해 농지가 농업의 육성과 농업인의 보호라는 원래의 취지에 맞게 운영되기를 기대한다.

· 주택 부수토지도 주택 수에 포함될까?

우리가 내는 세금에는 여러 종류가 있다. 막연히 짐작하던 것보다 세금 종류는 더 많고 복잡하다. 우선 세금의 이름, 세목을 기준으로 국세 13개, 지방세 11개가 있다. 모든 세금이 다 중요하지만 그 중에서 일반적으로 중요한 세금만 간추리더라도 양도소득세, 상속·증여세, 취득세, 재산세, 종합부동산세, 부가가치세 등 여섯 가지나 된다. 그런데 이 세금은 모두 부동산과 관련이 크다.

세금분야에서 중요하다는 것의 의미는 금액이 다른 것보다 크고, 상황과 조건에 따라 세금이 달라질 수 있다는 뜻이다. 금액이 크기 때문에 자칫 판단을 잘못하면 가산세 등 부담이 커질 수 있기 때문에 중요하다. 그리고 비슷해 보이는 상황이라 하더라도 세목과 내용에 따라 판단이 달라질 수 있어 주의가 필요하다.

특히 최근에는 주택가격이 급격히 상승했다. 이로 인해 조세제도가 주택가격안정을 위한 정책적 목적으로 사용되는 경우가 늘어났다. 그래서 주택에 대한 세금제도가 이전보다 상당히 복잡해졌다. 대표적인 것이 주택 수에 대한 판단이다. 기존에도 양도소득세의 경우 비과세나 중과와 관련하여 주택 수의 판단은 중요한 요소였다. 그런데 지금은 양도소득세뿐 아니라 취득세, 재산세, 종합부동산세에서도 주택 수가 중요한 부분이 됐다. 달리 말하면 이제 다른 세금들까지 복잡해진 것이다.

원래는 양도소득세 말고 취득세나 종합부동산세에서 주택 수는 중요한 요소가 아니었다. 주택 수에 따라 세율과 세금이 달라지지 않았기 때문이다. 지금은 주택이 몇 채인지는 물론 어느 지역에서 취득하고 언제 처분하는지에 따라서 양도소득세와 취득세, 재산세, 종합부동산세가 다 달라질 수 있다.

주택 수를 판단할 때 따라오는 문제 중 하나는 주택의 부수토지와 관련된 것이다. 아파트와 같은 공동주택의 경우 집을 팔면 부수토지(=대지지분=대지사용권)도 같이 매각된다. 부수토지는 따로 처분할 수 없다(「집합건물의 소유 및 관리에 관한 법률」 제20조 참조). 반면에 단독주택은 건물과 토지를 따로 처분하는 것이 가능하다. 처분은 유상거래인 매매가 될 수도 있고, 무상거래인 증여가 될 수도 있다. 그런데 단독주택의 건물과 토지의 소유가 다르고 그 토지만을 소유한 경우 이를 주택수의 판단에서 어떻게 봐야 할 지 문제가 된다. 예를 들어 아파트 1채를 가지고 있고 단독주택의 부수토지만 소유한 경우 2주택 자인지, 1주택자인지에 따라 세금이 달라질 수 있다.

먼저 가장 중요한 양도소득세에서는 주택의 부수토지만 소유한 경우 비과세 등을 판단할 때 주택을 소유하지 않은 것으로 본다. 따라서 아파트 1채와 단독주택 부수토지 소유자는 2년 이상 보유한 아파트 양도(2017. 8. 2. 이후 조정대상지역에서 취득한 아파트는 2년 이상 거주)할 때 비과세를 받을 수 있다.

양도소득세와는 달리 취득세에서는 단독주택의 부수토지만 있는 경우에도 주택 수에 포함된다. 원래 취득세에서는 매입과 증여(수증)시 주택 수에 따른 중과세 규정이 없었으나 2020. 8. 12.부터 주택 수에 따라 중과세되고 있다. 조정대상지역 2주택과 비조정대상지역 3주택의 경우 8.4%~9%, 조정대상지역 3주택과 4주택 취득의 경우 12.4%~13.4%가 부과된다. 중과가 아닐 때는 구간별로 1.1%~3.5%가 과세 된다. 작게는 약 2배에서 많게는 13배 가까이 중과되는 것이다.

종합부동산세에서는 또 이와 다르다. 원칙적으로 종합부동산세에서도 주택의 부속토지만 소유하는 경우 주택으로 간주한다. 주택 수에 포함되는 것이다. 그러나 1주택과 다른 주택의 부수토지를 소유한 경우에는 주택 수에서 제외된다. 이때는 1주택자로 본다. 다만 주의할 점이 있다. 납세의무자 본인이 같은 세대에서 1채의 주택과 다른 주택의 부수토지만을 소유한 경우에 1주택자로 본다는 점이다. 본인이 주택 1채를 소유하고, 다른 가족이 부속토지를 소유한 경우에는 종합부동산세에서 1주택으로 보지 않는다. 납세의무자 본인이 다른 주택의 부수토지를 소유한 것이 아니기 때문이다.

이처럼 세금의 종류에 따른 주택 수의 판단은 매우 복잡하고 다르다. 게다가 매매나 증여로 취득한 경우와는 달리 상속으로 취득한 경우에는 여기서 설명한 것 외에도 예외 규정이 다수 존재한다. 그리고 지분으로 주택이나 부속토지를 상속받은 경우에도 역시 다르다. 발생할 수 있는 경우의 수가 세금의 종류는 물론, 취득의 경위에 따라서도 달라질 수 있는 상황이다. 주택을 둘러싼 의사결정이나 세금 판단을 할 때는 각별한 주의가 필요한 이유다.

・자연인이 만들어준 토지매각의 기회 - 세금도 같이 알아야 한다

보전산지나 준보전산지 또는 보호수종이 있는 산지인 임야는 개발이 어렵기 때문에 매각이 쉽지 않다. 접근성이 떨어질 뿐 아니라 함부로 나무 등을 벨 수도 없기 때문이다. 그냥 소유만 하고 있을 뿐 달리 활용하고 있지 못하는 경우가 많다. 결국 팔고 싶어도 적정한 매수자가 나타나기 어렵다. 드물게 장뇌삼과 같이 임업을 목적으로 하는 극소수의 수요만이 있을 뿐이다.

그런데 요즘에는 깊은 산속에서 자연인 생활을 하는 사람들을 취재하여 보여주는 TV프로그램이 다수 방영되고 있다. 같은 제목의 책도 여러 권 나와 있다. 한편 깊은 산속 임야의 소유자 입장에서는 자연인의 삶을 동경하는 사람들이 늘어나는 것이 임야를 매각할 수 있는 기회가 될 수 있다.

프로그램에서는 항상 '출연자 소유의 토지에서 채취하고 있습니다.', '소유주의 허가를 받아 취재하였습니다.'라는 말이 나온다. 「산림자원의 조성 및 관리에 관한 법률」 제73조에 의하면 타인 소유의 산에서 임물을 무단으로 채취하면 절도죄에 해당할 수 있다. 이 경우 벌금이 부과된다. 국유림의 경우에도 마찬가지다(「자연공원법」 참조). 따라서 자연인 생활을 하려면 해당 임야를 매입하거나 임차해야 한다. 이 과정에서 깊은 산속 임야의 소유자는 토지 매각의 기회가 생길 수 있다.

그런데 자연인 생활을 하려는 매수자가 나타나도 소유자는 세금을 고려해야 한다. 임야를 매각하는 경우 비사업용토지에 해당되면 양도세가 중과세되기 때문이다. 양도세가 중과되면 6%~45%의 기본세율에 각 구간별로 10%p씩 세율이 중과된다. 예를 들어 차익이 5억 원, 보유기간이 2년이라면 사업용토지일 때는 약 1.9억 원인 세금이, 비사업용토지일 때는 약 2.5억 원이 된다. 다만 이 경우 다주택자에 대한 중과와는 달리 보유기간이 3년 이상이면 연 2%의 장기보유특별공제는 받을 수 있다.

임야의 경우 비사업용토지는 부재지주의 토지를 말한다. 다시 말하면 부재지주가 아니어야 사업용토지가 된다. 임야의 경우 부재지주가 아니기 위해서는 임야소재지와 동일한 시·군·구(기초지자체를 말한다) 또는 연접한(경계가 닿아있는) 시·군·구에 거주해야 한다. 또한 양도 시점에만 거주한 것으로는 부족하다. 구체적으로 양도일을 기준으로 ① 직전 5년간 3년 이상 ② 직전 3년간 2년 이상 ③ 보유기간 중 60% 이상 거주 중에서 한가지 이상을 채워야 사업용 토지가 된다.

물론 이외에도 8년 이상 재촌한 직계존속이나 배우자로부터 상속·증여 받았거나 「산림자원의 조성 및 관리에 관한 법령」 등에 의해 사용이 제한된 경우에는 해당 기간 동안 사업에 사용한 것으로 본다. 따라서 구체적인 사안에서는 반드시 사업용 토지 인정 여부를 전문가에게 확인 하는 것이 좋다. 어쨌든 매각의 기회가 오더라도 세금을 알아야 잘 팔 수 있다.

·아차! 계약서를 쓰기 전에 보유기간부터 파악했어야 …

부동산의 매매과정은 계약일부터 소유권이전등기까지 걸리는 기간이 길다. 따라서 이 기간 중 어느 시점을 기준으로 계산해야 하는지에 따라 부동산 보유기간이 달라진다. 부동산 보유기간에 따라 양도세 세율과 장기보유특별공제율 등이 달라질 수 있다. 경우에 따라서 양도세 비과세 여부가 결정되기도 한다. 이 경우 양도세가 크게 차이날 수 있다.

부동산의 보유 기간은 '부동산의 취득일부터 양도일까지'다. 원칙적으로 매매의 경우 대금청산일, 즉 잔금일을 취득 및 양도일로 본다. 다만 대금 청산 전에 소유권이전등기를 하는 경우에는 소유권 이전등기일, 즉 등기접수일을 취득 및 양도일로 본다. 결과적으로 소유권이전등기 접수일과 잔금일 중 빠른 날에 부동산을 취득하거나 양도한 것으로 본다.

그런데 재개발 및 재건축의 경우에는 보유 기간의 판단이 복잡하다. 종전의 부동산이 주택이었다면 철거하기 전 주택(종전 부동산)의 취득 시기부터 보유기간을 계산한다. 종전 부동산이 주택이 아닌 토지나 상가였는데 주택을 받은 경우에는 1주택 비과세 여부를 판단할 때 신축주택의 완성일부터 보유한 것으로 본다.

또한 종전 부동산이 주택인 경우에도 종전 부동산의 평가액에 따라 추가분담금을 내는 경우가 있다. 이때는 1주택 비과세를 판단할 때와 양도차익을 계산할 때의 보유기간이 달라진다. 1주택 비과세를 판단할 때는 종전 주택의 취득일부터 보유기간을 계산한다. 하지만 양도차익을 계산할 때는 종전 주택의 금액 범위까지는 종전 주택의 취득일부터 보유기간을 계산하고, 청산금을 납부한 부분은 권리변환일(사업시행인가일 또는 관리처분인가일)부터 보유기간을 계산한다. 달라지는 보유기간에 따라 장기보유특별공제율이 달라진다. 그리고 이에 따라 양도세도 달라지게 된다.

부동산을 상속으로 취득한 경우에도 보유기간의 계산이 복잡하다. 원칙은 상속개시일, 즉 피상속인의 사망일부터 계산한다. 다만 상속인과 피상속인이 동일세대원일 때는 전 소유자(피상속인)와 현 소유자(상속인)의 소유 기간을 통산한다. 즉 사망자의 취득일부터 보유기간을 계산한다. 또한 세율을 적용할 때는 사망자의 취득일부터 보유기간을 계산하고 장기보유특별공제의 보유기간은 상속개시일부터 계산한다. 상속과는 달리 증여로 받은 경우에는 세대 구분과 상관없이 증여받은 날, 즉 증여등기 접수일부터 계산한다.

결국 취득의 형태, 물건의 종류, 세대 구분 등에 따라 보유기간의 계산은 그때그때 다르다. 따라서 부동산 양도할 때는 보유기간에 따른 세금을 꼼꼼히 따져보고 파악하는 것이 중요하다. 부동산 매매계약은 계약일부터 잔금까지 수개월이 소요된다. 결과적으로 매매계약서를 작성할 때 각자의 자금 사정에 따라 날짜를 조율하게 된다. 이때 자금조달의 사정뿐만 아니라 보유기간의 계산에 따른 세금 차이를 고려해야 한다. 잔금 날짜를 맞춰서 보유기간을 조절하는 것만으로도 세금이 달라진다. 한두 달 차이로 장기보유특별공제율만 달라져도 세금은 수백만 원에서 수천만 원까지 달라질 수 있다. 게다가 비과세 되는지 여부가 달라지는 경우에는 수억 원까지 차이가 날 수도 있다.

계약서를 한번 작성하고 나면 이를 변경하기는 쉽지 않다. 특히 매도자의 경우 뒤늦게 세금에 대해 알게 되는 경우가 많다. 따라서 매도자라면 계약서를 쓰기 전에 보유기간에 대한 판단을 충분히 해야 한다. 부동산의 보유기간에 따라 세율, 장기보유특별공제, 비과세가 결정된다는 사실을 기억하자. 수백만 원에서 수억 원이 보유기간에 따라 달라진다.

· 이제 부자가 아니라도 증여를 검토해야 한다 (증여가 증가하고 있는 이유, 시장은 알고 있다)

2021년 1월 9일 한국부동산원 주택 거래 통계가 나왔다. 매매거래의 통상적인 증감과는 별개로 특이한 점은 2020년 한 해 동안 전국의 아파트 증여 건수가 91,866건으로 2006년 통계 작성 이후 가장 많았다는 것이다. 전국의 아파트 증여 건수는 2018년 65,438건, 2019년 64,390건에서 작년에 큰 폭으로 증가한 것이다. 아파트를 포함한 전체 주택 거래도 이와 유사하다.

재미있는 사실은 2018년 말에도 비슷한 현상이 있었다는 점이다. 2018년 연간 주택의 증여 건수는 111,863건으로 2017년 89,312건 대비 약 25% 증가했다. 이 숫자는 2006년 통계 이후 가장 높은 수치였다. 마찬가지로 서울의 경우 24,765건으로 2017년 14,860건 대비 66.7% 증가한 수치였다. 2018년 당시 서울 중에서도 강남(1,077 → 2,212), 서초(1,107 → 2,212), 송파(961 → 1,962)의 증여가 크게 늘었다. 당시 증여가 증가한 이유는 주택가격의 상승 흐름과 다주택에 대한 세부담 증가가 꼽힌다.

이러한 흐름에서 보면 증여의 증가는 소위 말하는 자산가와 그 가족간에 주로 발생하는 이슈인 것은 맞다. 즉 주택 등 부동산을 증여하는 것은 대개 증여자의 재산이 증여일 현재 혹은 향후 상속 시점에 일정 규모여서 상속세의 과세대상인 경우가 많다. 결국 증여는 자산가와 그 가족에게 주로 발생하는 이슈였다.

그런데 증여세와 상속세의 납세자 수도 점점 증가하고 있다. 그러면 대체 왜 증여가 꾸준히 증가하고 있을까?

2가지를 이유로 들 수 있다. 첫째는 자산가격, 특히 부동산자산 가격이 큰 폭으로 증가하고 있기 때문이다. 반면에 상속세의 과세 기준은 10년 전이나 지금이나 동일하다. 바로 여기에 증여가 증가한 이유가 있다. 즉 이른바 똑똑한 납세자가 늘고 있다. 증여일 현재 시점에서는 스스로 부자라고 않지만 그럼에도 불구하고 많은 사람들이 증여를 고민하고 있다. 즉 증여를 통해 장래의 상속세를 줄이려는 수요가 증가한 것이다. 둘째는 다주택자에 대한 양도세와 종부세 부담 증가다. 세대를 기준으로 하는 과세기준 때문에 증여를 통한 분산 소유가 가속화하고 있는 것이다.

주변을 살펴보면 우리 사회에 정말 부자가 전보다 많이 늘었는지는 의문이다. 하지만 부동산자산가격의 증가만 놓고 보면 결국 잠재적인 상속세 대상자는 늘고 있다. 이제 부모가 집 한 채만 가지고 있어도 상속세를 대비해야 한다. 이것이 스스로 부자라고 생각하지는 않더라도 증여를 고민해야 하는 이유다. 한발 빠른 사람들은 이러한 이유로 증여를 서두르고 있다.

자산가격의 상승에 비해 상속공제가 낮아서 불만이 있을 순 있다. 하지만 법과 제도의 타당성을 따지기에 앞서 똑똑한 납세자가 될 필요가 있다. 세금의 기준은 한 개인이 어떻게 할 수 있는 것이 아니다. 게다가 그것이 국민 다수의 뜻에 따라 국회와 행정부에 의해 정해지는 것인 한 더욱 그렇다. 규제와 한계는 일종의 상수 값으로 두고 본인의 상황에 맞는 절세전략을 고민해야 할 때다. 이런 관점에서 증여 건수의 증가 현상도 잘 살필 필요가 있다.

• 단독주택을 양도할 땐 이런 경우도 있으니 주의
– 한 필지 내에 2동의 주택이 있는 경우

부동산을 양도하면 양도소득세를 내야 한다. 주택을 양도하는 경우도 마찬가지다. 하지만 주택은 사람이 살아가는데 있어 꼭 필요하다. 모든 국민은 인간으로서의 존엄과 가치를 가지며, 행복을 추구할 권리를 가진다(「헌법」 제10조). 또한 모든 국민은 거주·이전의 자유를 가진다(「헌법」 제14조). 따라서 주택을 양도하는 경우에는 원칙적으로 양도세를 비과세 한다. 다만 양도가액 12억 원을 넘는 경우 전체 양도차익 중 12억 원 초과분에 대해서는 양도세를 내야 한다. 또한 비과세를 받기 위해서는 2년 이상 보유(2017. 8. 2. 이후 조정대상지역 지정된 곳에서 취득한 경우에는 2년 이상 거주도 충족)해야 한다. 이는 아파트와 같은 공동주택이든 한옥이나 양옥집 같은 단독주택이든 마찬가지다. 빌라와 같은 다세대 또는 단독주택의 한 종류인 다가구 주택도 마찬가지다.

그런데 단독주택의 경우엔 공동주택에 비해 더 세밀한 주의가 필요하다. 단독주택의 구조 형태에 따라 비과세가 안되거나 일부만 비과세될 수 있다. 예를 들어 하나의 필지 위에 2동의 주택이 있는 경우가 그렇다.

A씨는 본인 소유의 대지 위에 1971년에 주택 1동을 지었다. 그리고 1978년에 같은 대지 위에 상가겸용주택 1동을 더 지었다. A씨와 A씨 가족은 1971년 이후부터 계속, 그리고 1978년 상가겸용주택을 신축한 이후로도 계속 해당 주소지에서 거주하였다. 이에 A씨는 해당 토지와 건물을 양도하면서 1주택에 의한 양도세 비과세로 신고를 하였다.

그런데 세무서로부터 해당 주택과 토지 중 1동의 주택과 부수토지는 비과세에 해당하지만 다른 주택 1동은 이를 별개의 주택으로 보아 양도세를 과세하였다. 납세자로서는 2동으로 되어 있지만 결국 1채의 집인데도 불구하고 일부만 비과세를 받고 나머지는 받지 못하는 것을 이해할 수 없었다. 대체 어떻게 된 것일까?

한 울타리 안에 2동의 주택이 있는 경우 하나의 주거생활단위로서 양도소득세가 비과세되는지 여부가 쟁점이었다. 사회통념상 2동을 하나의 주택으로 보기 위해서는 건물의 출입구, 독립성 등에 비추어 2동의 건물이 동일한 생활영역 안에 있다고 인정될 때 1주택으로 본다. 그런데 전면이 개방되어 따로 출입문이 없었고 소유자와 임차인들 각각의 세대가 거주한 별도의 독립된 주거공간으로 사용된 경우 한 필지 내에 있지만 2동이 각각 독립된 2채의 주택이라고 인정된다. 결국 이런 경우 일괄로 양도된 전체 양도금액과 취득금액을 각 건물 별로 안분계산 한다. 또한 각 동의 면적에 따라 부수토지도 일부는 비과세되고 나머지는 과세된다.

한 필지 내에 2동을 사회통념상 하나의 주택으로 볼지 혹은 2채로 볼지는 출입구와 독립성 등을 종합적으로 따진다. 이 과정에서 각 주택의 면적도 따지는데 면적 등에 따라 주된 건물의 별채에 해당되는 경우라면 하나의 주택으로 인정될 수도 있다. 또한 각 주택에 대해 「지방세법」상 재산세나 개별주택가격이 같이 부과되었는지 따로 부과되었는지 등도 중요한 요소로 작용한다. 어쨌든 한꺼번에 양도했고 하나의 필지 위에 있었다 하더라도 양도세에선 사실관계에 따라 과세와 비과세가 달라질 수 있다.

세법은 우리가 일반적으로 생각하는 것과는 다른 경우가 다수 있다. 이는 세법상의 법리에 따른 것인데 대개는 우리의 상식과도 부합하지만 그렇지 않은 것도 있다. 따라서 세금과 관련된 사항에 대해서는 반드시 전문가의 확인을 거쳐 충분히 인지한 상태에서 의사결정이 이뤄져야 한다. 특히 양도세와 1주택 비과세와 관련해서는 그 내용이 복잡하고 세액도 크게 발생할 수 있으므로 더욱 그렇다. 게다가 비교적 간단명료한 아파트나 빌라 등 공동주택과는 달리 단독주택은 더욱 그러하다.

· 상속주택을 멸실하고 새로 지어도 상속특례를 받을 수 있을까?

상속은 당연하게도 그 시기를 정할 수 없다. 따라서 상속으로 인해 불가피하게 주택을 물려받아 2주택이 되는 경우에는 일정한 조건 하에 상속에 따른 특례를 받을 수 있다. 즉 동일세대원이 아닌 피상속인으로부터 주택을 상속받아 2주택이 된 경우 상속개시일(=사망일) 전에 소유하고 있던 일반주택을 비과세요건(2년 이상 보유 또는 2년 이상 보유하고 2년 이상 거주)을 갖추어 먼저 양도하는 경우 2주택 상태에서 양도하더라도 양도소득세를 비과세 한다. 양도소득세가 비과세된다는 의미는 양도가액이 12억 원 이하라면 전액 비과세되고, 12억 원을 초과 하는 경우에는 전체 양도차익 중 12억 원 초과분에 대해서는 과세하되 보유기간과 거주기간에 따라 각각 연 4%씩의 장기보유특별공제를 받을 수 있다는 뜻이다.

상속주택의 특례는 상속이라고 하는 선택할 수 없는 상황에 의해 불가피하게 2주택이 된 경우에 납세자로 하여금 불이익이 되지 않도록 하기 위한 세법상의 배려다. 특례라는 말 그대로 특례의 요건을 갖추기만 했다면 세금에 대한 부담을 덜 수 있다.

그런데 만약 상속으로 받은 집을 부수고 다시 짓는다면 어떻게 될까? 집을 새로 지어도 그 연속성이 인정될 수 있을까? 결론부터 말하면 인정된다. 즉 상속주택을 멸실하고 신축한 경우 신축주택을 상속 주택으로 봄은 타당하다(심사양도 1999-2421, 1999. 10. 8. 참조). 이는 1999년 9월 15일 국세청 법령심사협의회에서 기존의 법령해석을 변경하여 개선된 것이다. 당초의 취득 원인이 납세자의 선택에 의한 것이 아니라 상속이라는 불가피한 사정으로 인해 취득한 것이기 때문에 멸실되기 전의 주택과 새로 지은 집의 연속성이 원칙적으로 인정되는 것이다.

이와 같은 논리로 상속으로 받은 다가구주택을 상속 이후 다세대 주택으로 구분등기만 한 경우 해당 상속주택은 구분등기에 의해 1채에서 여러 채가 되지만 이 둘의 관계도 동일한 주택의 연속선상에 있는 것으로 본다. 따라서 층별로 구분등기 되어 1호의 상속주택과 1호의 일반주택을 새로 취득한 것으로 볼 수 없어 일시적 2주택의 특례는 받을 수 없다.

한편 상속주택을 물려받은 상속인은 상속개시일 전부터 소유하던 일반주택을 먼저 양도할 경우 상속주택에 대한 특례(상속주택은 없는 것으로 봄)에 의해 일반주택을 비과세 받을 수 있다. 이때 피상속인 소유의 주택이 여러 채인 경우에는 그 중 1채만 특례가 인정되는 상속 주택으로 보게 된다. 여러 채의 상속된 주택 중 피상속인이 소유한 기간이 가장 긴 주택, 소유기간이 같은 경우 피상속인이 거주한 기간이 가장 긴 주택, 거주한 기간도 같은 경우 상속인의 나이가 많은(연장자)

순으로 특례가 인정되는 상속으로 본다. 이때에도 소유한 기간을 판단할 때 멸실된 주택과 재건축한 주택의 소유기간은 통산하여 계산한다. 즉 멸실된 주택과 새로 지은 집을 연속선상에서 판단한다.

상속주택의 경우 부수거나 다시 지었을 때, 상속된 주택이 여러 채일 경우와 이외에도 상속주택을 지분으로 소유한 경우 등 다양한 사례가 한꺼번에 나타날 수 있다. 특히 상속주택에 대해서는 지분과 상속 당시의 상황 등에 따라 다양한 사례가 있기 때문에 상속주택이 있는 상태에서 다른 주택을 양도하거나 상속주택을 처분할 때는 충분히 고려를 할 필요가 있다.

• 농지전용에 따른 세금과 부담금

「농지법」은 농지의 소유·이용 및 보전 등에 필요한 사항을 정한다. 이를 통해 농지를 효율적으로 이용하고 관리하여 농업인의 경영 안정과 농업 생산성을 향상시킴으로써 경제의 균형 발전 및 국토 환경 보전에 이바지하는 것을 목적으로 한다(「농지법」 제1조 참조). 따라서 농지에 관한 권리의 행사에는 필요한 제한과 의무가 따른다(「농지법」 제3조 참조). 농지를 다른 용도로 변경하는 것은 법률에 의해 엄격히 제한된다. 이를 위해 시·도지사는 농업진흥구역을 지정할 수 있으며 농업진흥구역에서는 농업이 아닌 토지이용행위가 제한된다.

또한 농지를 농업이 아닌 목적으로 전용하려는 경우에는 농림축산식품부장관의 허가를 받아야 한다. 다만 농업인의 주택부지로 전용하는 경우 등 법률이 정한 일정한 용도로 전용하는 경우와 「국토의 계획 및 이용에 관한 법률」 등에 의한 허가를 받은 경우에는 용도를 전용할 수 있다.

그런데 허가를 받아 농지를 다른 용도로 전용하는 경우 일정한 비용이 발생한다. 첫째는 농지보전부담금이다. 농지전용부담금은 농지의 보전 · 관리 및 조성을 위해 사용된다. 농지보전부담금은 해당 농지 개별 공시지가의 30%와 m²당 5만 원의 상한금액 중 작은 금액이다. 예를 들어 면적이 2,000m²이고 m²당 개별공시지가가 1만 원인 경우 600만 원(2,000m²×1만 원/m²×30%)이 부과된다. 개별공시지가가 20만 원 이라면 한도 5만 원(20만 원의 30%인 6만 원과 한도 5만 원 중 작은 금액)으로 1,000만 원이 부과된다. 이때 m²당 금액은 부과기준일 현재 가장 최근에 공시된 개별공시지가가 된다. 그리고 부과기준일은 개발 행위허가의 경우 인가 · 허가나 형질변경을 신청한 날 등이 된다.

농지전용부담금과는 별개로 농지의 전용에 따라 지목이 변경되는 경우 취득세도 내야 한다. 즉 토지의 지목을 변경함으로써 그 가액이 증가한 경우에는 취득으로 본다(「지방세법」 제7조 제4항 참조). 이때 취득세는 지목 변경 후의 시가표준액에서 지목 변경 전의 시가표준액을 뺀 금액에 2.2%의 세율을 곱한 금액이다. 다만 판결이나 법인의 장부로 비용이 입증되는 경우 그 비용에 2.2%를 곱한 금액이 된다. 이때 취득 시기는 지목이 실제 변경된 날과 공부상 변경된 날 중 빠른 날이다.

「농지법」은 법이 정하는 절차에 따라 법이 허용하고 있는 범위 내에서 농지의 개발이 이뤄져야 함을 규정하고 있다. 또한 개발에 따른 전용이 이뤄질 때는 취득세와 같은 세금은 물론 개발되는 만큼의 부담금을 부과하여 다른 농지의 보전과 관리에 사용된다. 개발이 이뤄질 때는 절차에 따라 진행해야 하고 이에 따른 세금과 부담금을 납부해야 할 의무가 있다. 의무를 지키면서 하는 것을 투자라 하고 그렇지 않은 것을 투기라 한다. 부동산 투자를 할 때도 항상 법규를 준수하고 내야 할 세금을 내면서 해야 한다는 사실을 명심하자.

· 2022년부터 바뀌는 부동산 세금 이슈

2021년 1월 1일을 기점으로 부동산 세금에 변화가 많았다. 소득세 최고세율이 기존 42%에서 45%로 인상되었으며 다주택 중과세율이 2021. 6. 1.부터 10%p씩 인상되어 2주택은 26%~65%, 3주택은 36%~75%로 올랐다. 지방소득세를 감안하면 다주택의 최고세율은 82.5%(75%+7.5%)가 되었다. 주택과 입주권의 단기양도세율이 기존의 기본세율(1년 이상 2년 미만) 또는 40%(1년 미만)에서 60%와 70%로 인상되었다. 분양권의 양도세율도 최고 70%까지 높아졌다. 1주택 비과세의 장기보유특별공제 요건이 거주기간별 4%, 보유기간별 4%로 강화되어 장기 보유뿐 아니라 거주도 해야 하는 것으로 바뀌었으며 2021년 1월 1일 이후 취득한 분양권은 주택 수에 포함되었고 종부세 세율도 인상되었다. 또한 법인의 주택 양도에 따른 추가세율(기존 10%p에서 20%p로)과 종부세율(단일 비례세율로 최대 6%)도 인상되었다.

반면에 2022년 1월 1일을 기점으로 바뀌는 부동산 세금이슈는 상대적으로 많지 않은 편이다. 그래도 몇 가지는 해당 상황에 처한 당사자들에게 매우 중요한 의미를 가진다.

첫 번째는 상가겸용주택에 대한 1주택 비과세 특례 규정의 변화다. 상가와 주택 겸용으로 쓰이는 건물을 양도하는 경우 원칙적으로 상가와 상가부수토지, 주택과 주택부수토지로 나누어 각각 양도세를 계산한다. 1세대 1주택으로 비과세요건을 갖춘 경우 주택은 전체 양도차익 중 12억 원을 초과하는 부분에 대해서만 과세하고 나머지는 비과세한다. 그리고 12억 원 초과분에 대해 과세할 때도 연 8%씩 최대 80%의 특례장기보유특별공제를 적용한다. 반면에 상가의 경우 비과세가 없으며 장기보유특별공제도 연 2%씩 최대 30%만 받을 수 있다. 2021년 12월 31일까지는 주택의 면적이 상가의 면적보다 크다면 상가겸용주택 전체를 주택으로 본다. 즉 상가와 상가의 부속토지에 대해서도 1주택에 의한 비과세와 특례장기보유특별공제를 적용받을 수 있다. 그런데 이제 2022. 1. 1. 이후 양도하는 것부터는 설사 주택의 면적이 상가의 면적보다 크다고 해도 전체를 주택으로 보아주지 않는다. 따라서 비과세는 주택에 대해서만 받을 수 있고 상가에 대해서는 받을 수 없다.

두 번째는 수도권 도시지역 내 1주택 비과세의 경우 부수토지 인정 면적의 축소다. 1주택 비과세가 적용되는 경우 주택으로 사용하는 건물은 물론 그 부수토지까지 비과세를 적용한다. 만약 토지에 비해 건물이 너무 작은 경우 주택 부수토지라 하여 전부 비과세 기준을 적용하는 것은 부당하다. 따라서 비과세되는 주택의 토지는 주택 정착면적의 5배(도시지역 밖은 10배)까지만 부수토지로 인정한다. 그런데 내년부터는 수도권 도시지역의 주거·상업·공업지역은 기존 5배에서 3배로 한도가 축소된다. 주택 정착면적은 수평투영면적(수직 상공에서 바라봤을 때 건물 외벽의 중심선을 연결한 면적)을 말한다. 한도를 넘어선 부수토지는 주택의 부수토지로 인정되지 않는다. 다만 1주택 비과세로 포함되지 못하지만 기존 5배의 범위 이내일 때는 일반세율이 적용된다. 중과세율에 대한 규정에서는 인정 배율이 변경되지 않고 그대로 5배이기 때문이다.

그 외에 1조합원입주권에 대한 양도세 비과세 요건 판단 시 다른 분양권을 보유하고 있지 않아야 한다는 요건이 추가되었다. 다만 이는 2022. 1. 1. 이후 취득하는 조합원입주권과 분양권에 대해서만 적용된다. 또한 2021. 12. 8.부터 조기에 시행된 내용으로 1세대 1주택 비과세 기준금액 상향(실거래가격 9억 원에서 12억 원으로)이 있다.

2021. 1. 1. 기준으로 바뀌었던 내용에 비해 상대적으로 2022. 1. 1.은 변화가 적다. 그럼에도 불구하고 개정된 내용에 해당하는 상황에 맞물린 경우 당사자들은 바뀐 기준을 정확히 인지해야 한다. 기준을 명확히 인지하고 그 영향을 파악해야 합리적인 의사결정을 내릴 수 있기 때문이다.

Profile

우 병 탁 신한은행 부동산 팀장

저자는 서울시립대학교 세무학과에 '98학번으로 입학하고 7학기로 조기졸업했다. 제43회 세무사 시험에 합격한 후 2007년 신한은행 THE Bank 1기 공채로 입사했다. 신한은행이 첫 직장이자 현재의 직장이다. 은행 입사 후 부동산팀에서 부동산 상담 업무를 해오고 있으며 부동산 팀장이지만 세금 분야에 대한 이해도 있어 두 분야를 모두 상담하는 중이다.

현재 저자는 '신한은행 WM컨설팅센터 패밀리오피스CELL'에서 초고자산가들을 위한 부동산 상담을 담당하고 있다. 동아일보와 매일경제 신문에 고정 칼럼을 기고하고 있으며, 동국대학교 법무대학원에서 법학석사를 취득한 후 부동산 법학 박사과정 중이다. 2020년부터는 'YTN 슬기로운 라디오생활'을 통해 부동산과 세금에 대한 상담을 해오고 있다.

앞으로도 자산의 많고 적음을 떠나 성공적인 자산관리를 하기 위해서는 부동산과 세금을 더 많은 사람들이 공부할 필요가 있고, 부동산과 세금은 동전의 앞뒤와 같이 항상 붙여서 이야기되어야 한다는 생각으로 일하고 있다.